KB188715

의대
9수를
시킨

엄마를
죽였
습니다

BOOK PLAZA

의대 9수를 시킨 엄마를 죽였습니다

사이토 아야 지음 | 남소현 옮김

BOOK PLAZA

서장

면회일

일러두기

본문의 각주는 모두 옮긴이 주입니다.

제삼자의 면회 신청

전혀 모르는 사람이 감옥에 불쑥 찾아와서 면회를 신청했을 때, 거절하지 않고 만나줄 수감자가 얼마나 될까.

2020년 12월 23일, 나는 오사카 구치소를 방문했다. 구치소는 아직 판결이 확정되지 않은 미결수 중 구속의 필요성이 인정되어 구속 영장이 발부된 자들을 수용하는 시설이다. 내가 만나고자 하는 피고인은 친어머니를 죽인 살인죄로 기소되어 현재 오사카 고등법원에서 공판이 계속 중인 상태였다.

구치소에 수감된 미결수의 경우, 하루에 면회를 희망하는 사람이 여러 명이라면 가장 먼저 온 사람만 면회가 가능하기 때문에 최대한 일찍 가는 것이 안전했다. 오전 8시 45분, 구치소 입구 왼쪽에 마련된 흰색 조립식 건물로 들어가 면회 의사를 밝혔다.

"성함이 어떻게 되시죠? 일반 접견인가요? 짐은 뒤쪽 사물함에 넣어주세요."

안면 보호구를 착용한 여직원이 접수대 너머로 사물함 열쇠를 내밀었다. 열쇠에는 이곳이 법무성 관할 시설임을 나타내는 오동나무 문양 스티커가 붙어 있었다.

사물함은 큰 것과 작은 것 두 종류가 있었다. 작은 것은 동네 목욕탕에서 흔히 볼 수 있는 귀중품 보관함 정도 되는 크기로, 개인용과 업무용으로 쓰는 스마트폰 두 대를 보관하기에는 충분했다.

구치소 안에는 전자기기를 가지고 들어갈 수 없다. 사물함을 잠그고 게이트형 금속탐지기를 통과했다. 직원이 휴대형 금속탐지기를 손에 들고 오른팔, 왼팔, 가슴을 차례대로 훑었다.

체크를 마친 후 '일반 접견'이라고 적힌 화살표를 따라 대기실로 향했다. 기본적으로 수감자 면회는 누구든지 신청할 수 있지만, 지인이나 가족이 신청하는 '일반 접견'과 형사 변호인이 신청하는 '변호인 접견'은 각각 사용하는 통로가 달랐다.

대기실에 마련된 딱딱한 하늘색 소파에는 면회 온 사람들이 드문드문 앉아 있었다. 회색 운동복 차림의 중년 남성이 등을 구부리고 앉아서 스포츠 신문을 읽고 있었다.

면회 접수는 여기서부터가 시작이었다.

기입대에 놓인 면회 신청서를 한 장 집어 들었다. 수감자와의 관계를 적는 난에는 '제삼자'라고 적었다. 나는 친척도 아니고 사건 관계자도 아니고 한낱 취재 기자에 불과하기 때문이다. 과연 내 면회 신청은 받아들여질 것인가. 큰 기대는 할 수 없었다.

접수대에는 가림막이 설치되어 안쪽에 있는 직원을 직접 볼 수 없게 되어 있다. 가림막 아래쪽에 난 틈 사이로 손만 겨우 보일 정도였다.

"면회 신청 한 명이요."

가림막 아래쪽으로 신청 용지를 밀어 넣었다.

"네, 저쪽에서 기다리시면 번호 불러 드릴게요."

가림막 너머에 있는 직원이 주황색 번호표를 내밀며 말했다.

연말이나 휴일 전에는 면회 오는 사람이 많아서 대기실이 꽉 찬다. 다행히 이날은 12월 말이기는 하지만 수요일이라서 그런지 비교적 한산한 편이었다.

면회 여부가 판가름 날 때까지의 시간은 한없이 길게 느껴진다. 시간으로 치면 고작 몇 분에 불과하지만 스마트폰도 없고 대화할 상대도 없으니 정말로 가만히 앉아서 기다리는 것 외에는 할 수 있는 일이 없기 때문이다.

수감자에게는 면회를 거부할 권리가 있기 때문에 모르는 사람으로부터의 면회 요청이 받아들여지는 경우는 별로 없다. "***번 번호표를 가진 분은 접수대로 와 주시기 바랍니다"라는 안내 방송이 나와서 접수대로 가면 "본인 거부로 오늘은 면회가 불가능합니다"라는 말을 듣게 되는 경우가 대부분이다.

하지만 이날은 달랐다.

"6번 대기자분, 12번 면회실로 들어가세요."

면회 신청이 받아들여진 것이다.

아이스 브레이킹

신종 코로나 바이러스 감염자 수가 연일 최고치를 경신하고 있었다. 구치소에서도 면회 시간은 15분으로 제한되었고, 혼잡 정도에 따라 10분까지 단축되는 경우도 있었는데 다행히 이날은 15분에서 더 줄어들지는 않았다.

면회실이 늘어선 복도 끄트머리에 12라는 숫자가 적힌 방이 보였다.

문을 열고 안으로 들어가자 한 평 남짓 되는 어스름한 공간에 녹슨 철제 의자가 두 개 놓여 있었다. 의자에 앉았을 때 얼굴이 오는 높이에는 방사상으로 작은 구멍이 뚫린 투명 아크릴판이 설치되어 있었다.

자리에 앉자 의자가 삐걱거렸다.

1분도 지나지 않아 아크릴판 너머로 보이는 맞은편 문이 열리더니 세 사람이 차례대로 들어왔다. 파란색 제복, 꽃무늬 후드티, 파란색 제복 순이었다.

꽃무늬 후드티를 입은 여자가 이쪽을 향해 고개를 꾸벅 숙인 후 의자에 앉았다. 제복 차림의 두 사람은 여자의 양옆에 앉았다.

타카사키 아카리(가명), 34세. 검은 테 안경을 쓰고, 긴 검은 머리는 귀 아래 높이에서 하나로 묶은 상태였다.

"면회 시간은 15분입니다. 연장은 불가능합니다. 종료 시간이 가까 워지면 알려 드리겠습니다."

직원이 벽에 걸린 타이머의 시작 버튼을 누르자 삑 소리가 났다.

"사전에 연락도 없이 갑자기 이렇게 불쑥 찾아와서 죄송합니다. 저 는 교도통신 기자인 사이토 아야라고 합니다."

"아, 네."

"오사카에서 재판 취재를 담당하고 있습니다. 아카리 씨 공판 때도 방청하러 갔었고요."

"처음 뵙겠습니다. 이렇게 만나러 와 주셔서 감사합니다."

"항소심에서 최종변론이 끝난 후에 발표된 글을 보고 아카리 씨 이 야기를 더 들어보고 싶어서 찾아왔습니다."

아카리의 눈이 휘둥그레졌다.

"그걸 읽으셨어요?"

얼굴 절반이 천 마스크로 가려져 있어서인지 눈의 움직임이 더 부각 되었다. 구치소 생활은 어떤지 묻자 아카리는 대화에 굶주린 사람처럼 쉬지 않고 이야기했다.

아버지가 넣어 준 핫팩으로 추위를 견디고 있다, 구치소에서 나오는 음식 중에는 카레를 제일 좋아한다….

"1분 남았습니다."

눈 깜짝할 사이에 시간이 다 지나갔다.

"갑자기 찾아왔는데도 흔쾌히 만나 주셔서 감사합니다. 다음에 또 와도 될까요?"

"아… 다음에 오실 때는 미리 편지나 전보로 연락을 주시겠어요? 질문할 내용도 짧게라도 괜찮으니 사전에 미리 알려 주시면….”

삐 삐 삐 삐 삐 삐 삐 삐.

날카로운 기계음이 아카리의 말을 가로막았다.

직원이 자리에서 일어나더니 문을 열고 아카리에게 퇴실을 권했다. 이날은 아이스 브레이킹 차원에서 시종일관 무난한 이야기만 나누었다.

아카리는 내게 고개 숙여 인사하고 방에서 나갔다.

엄마의 속박에서 벗어나고 싶다

한 달 전, 아카리는 대표 변호인인 쿠로다 케이스케 변호사를 통해 자신이 쓴 글을 공개했다. 그중 '엄마의 속박에서 벗어나고 싶다'라는 문장이 내 눈을 사로잡았다.

오사카 구치소 항소심 종결에 부쳐

오사카 구치소의 감방에서 많은 '엄마'들을 만났습니다. 저보다 나이가 어린 엄마도 있었고, 저와 동갑인 엄마도 있었으며, 저희 엄마와 비슷한 연배인 사람도 있었습니다.

그들은 저마다 다른 이유로 아이와 떨어져 감방에서 지내고 있었습니다. 아이가 보고 싶다고, 아이에게 미안하다고 말하는 엄마들의 이야기를 듣고 있으면 우리 엄마는 과연 어떤 마음이었을지 궁금해지곤 했습니다.

딸인 제가 잘되기만을 바라며 노력해 왔는데 제가 계속 엄마의 기대를 저버리는 바람에 많이 실망하셨을 겁니다. 강한 불신감에 사로잡혀 늘 초조해하셨던 것 같습니다.

그런 엄마의 속박에서 벗어나기 위해 저는 범행을 저질렀습니다.

하지만 항소심 첫 번째 기일에 변호사님의 질문에 대답했던 것처럼 지금 제가 이 정도 수준의 교양과 예의범절을 갖추게 된 것은 모두 어렸을 때부터 엄마가 저를 엄격하게 이끌어 준 덕분이라고 생각합니다.

제가 저지른 짓은 결코 용서받지 못하겠지만 앞으로 남은 평생을 엄마에게 사죄하며 살아갈 생각입니다.

엄마, 죄송해요.

2020년 11월 24일 타카사키 아카리

구치소에서 만난 아카리의 말투나 행동에서는 '살인'이라는 죄를 연상시키는 그 어떤 요소도 발견되지 않았다.

첫 번째 면회를 포함해 나는 총 일곱 차례 면회를 갔고, 아카리와 편지도 자주 주고받았다. 그리고 그 내용을 기사로 작성해 발표했다.

기사에 대한 반응은 뜨거웠다. 게다가 아카리에게 동정적인 의견이 대부분이었다. 세상에는 자기 아이가 잘되기를 바란 나머지 아이를 조금이라도 더 수준 높은 학교에 보내려고 안간힘을 쓰는 부모와, 그런 부모 밑에서 본인이 원하지도 않는 공부와 진로를 강요당하는 아이가 이렇게나 많다는 사실에 놀랐다.

30년이 넘는 동거 끝에 아카리는 친모인 타에코(가명)를 살해했다. 법정에서는 어머니의 훌륭한 가정 교육에 감사한다고 말했다. 아카리는 의사가 되기 위해 아홉 번이나 재수를 했지만 사실은 이과 과목보다 문과 과목을 더 좋아했다. 책 읽고 글 쓰는 것을 좋아해서 필명도 가지고 있었고, 때로는 직접 소설을 쓰기도 했다.

구치소와 교도소에서 보내오는 편지는 모두 수기였다. 0.38~0.5밀리미터 볼펜으로 쓴 아카리의 글씨는 끝부분이 길고 동글동글한 해서체였고, 언제나 완벽에 가까울 정도로 오탈자가 거의 없었다. 컴퓨터와 스마트폰의 한자 자동변환 기능에 익숙해진 나로서는 쓰기는커녕 읽기조차 어려운 한자도 많았다. 사전을 찾아서 확인해 보면 틀린 글자는 하나도 없었다.

이 부분에 대해 아카리에게 물어보니 다음과 같은 답변을 보내왔다.

기본적으로는 엄마의 훌륭한 가정 교육 덕분이라고 생각합니다.

글을 쓸 때 잘 모르는 글자는 반드시 국어사전을 확인하고, 다 쓴 후에는 다시 한번 읽으면서 오탈자가 없는지 확인합니다. 매일 신문을 읽고, 책도 1년에 100권 정도 읽는 편입니다.

아무리 내용이 좋아도 오탈자가 섞여 있으면 글의 매력이 반감될 뿐만 아니라 시간을 들여서 내 글을 읽어 주는 상대에게 실례라고 배웠거든요.

사건을 담당한 검사에게도 글씨가 예쁘다는 말을 들었다고 한다. 매일같이 수많은 피의자를 상대하는 검사가 보기에도 아카리의 글씨는 인상적이었다는 말이다. 보통 살인 사건의 용의자라고 하면 거칠고 난폭한 이미지가 강한데 사법부 담당 기자인 내 경험에 비추어 보면 꼭 그런 것만은 아니라서 개중에는 부드럽고 온화한 인상을 지닌 사람도 많다.

자녀 교육에 지나치다 싶을 정도로 큰 관심을 쏟으면서 거액의 투자를 하는 것은 내 아이가 장차 경제적으로나 사회적으로 보다 나은 환경에서 살기를 바라는 부모 마음 때문이다.

아이 입장에서도 의식주에 부족함이 없고 공부에만 집중할 수 있는 환경이 갖추어져 있다면 그것만으로도 감사해야 할 일인지도 모른다. 남들이 보기에는 자녀 교육에 많은 돈을 들일 여유가 있으니 좋겠다고 생각할지도 모른다. 하지만 그 속에서 본인의 감정은 억누른 채 힘들다는 말은 꺼내지도 못하고 부모의 기대에 부응하기 위해 발버둥치고 있는 사람들이 너무도 많다.

어째서 이런 비극이 일어나게 된 것일까.

개인적으로도 남 일 같지가 않았다. 지금도 수많은 가정에서 '다 너 잘되라고 하는 말이야'라는 미명 아래 서로를 속박하고 서로에게 상처를 주고 있다. 이로 인한 스트레스가 실제 살인 사건으로까지 발전하게 된 것은 극단적인 사례라고 할 수 있겠지만, 그런 사태를 초래할 수 있는 불씨는 어느 가정에나 존재한다.

교도소에 수감 중인 아카리와 편지를 주고받으며 상의한 끝에 책을 만들기로 했다. 내가 질문을 적어서 보내면 아카리가 답장을 하는 식으로 작업을 진행해 나갔다. 따라서 이 책은 우리 두 사람의 합작품이라고 할 수 있다.

이 책을 내기로 결심한 아카리와 나의 생각은 정확하게 일치한다. 아카리는 앞으로 평생 자신이 저지른 잘못을 뉘우치고 속죄하며 살아갈 것이다. 아버지, 어머니, 딸, 아들… 가족과의 관계로 힘들어하는 모든 이들에게 이 책을 권하고 싶다.

마지막으로 타에코 씨의 안타까운 죽음에 깊은 애도를 표하며 삼가 고인의 명복을 비는 바이다.

목 차

서장 면회일

1장 징역 15년

2장 몬스터를 무찔렀다

1장

징역 15년

노란색 물체

시체가 발견된 것은 2018년 3월 10일, 토요일 오후 1시경이었다.

3월치고는 기온이 낮아 쌀쌀한 날이었고, 전날 밤부터 내린 비로 땅이 젖어 있었다.

거꾸로 뒤집힌 복주머니 모양을 한 비와코 호수의 남쪽, 주머니 입구에 해당하는 위치에 자리 잡은 야스가와강은 남과 북으로 나뉘어 흘렀고, 그중에서도 물살이 거칠기로 유명한 남류는 자주 범람해서 인근 주민들의 생활을 위협하곤 했다.

제2차 세계대전 이후 고도성장기에 두 개의 물줄기를 합쳐서 비와코 호수로 흘러들게 하는 공사가 시작되었고, 1981년에 공사가 완료됨에 따라 침수로 인한 피해는 현저히 줄어들었다.

야스가와강 남쪽 하천 부지에 위치한 '비와코 지구 시민의 숲'은 지자체에서 관리하는 도시공원으로, 잔디라든지 나무 벤치 등이 잘 정비되어 있어 주민들에게 좋은 쉼터가 되어주고 있었다.

"그건 대체 뭐였을까?"

하천 부지 근처에 거주하는 사카다 미치코(가명)는 집으로 돌아온 후에도 연신 고개를 갸웃거렸다. 조금 전 강가에서 본 장면이 머릿속에서 떠나지 않았다.

하천 부지 서쪽에는 1.5미터 정도 되는 철제 울타리로 막아 놓은 구역이 있었는데 따로 관리가 되지 않아서 매년 여름이면 무성하게 우거진 잡초와 덤불이 5미터가 넘게 자랐다. 길고양이가 배회하고 해가 지면 박쥐가 날아다녀 평소에도 사람은 거의 드나들지 않는 곳이었다.

울타리와 울타리 사이에 딱 한 군데 낮은 바리케이드가 설치된 곳이 있었고, 바리케이드 너머로는 안쪽으로 들어갈 수 있는 좁은 길이 나 있었다.

미치코의 눈길을 끈 물체는 그 길을 따라 5미터 정도 들어간 지점, 왼쪽 덤불 속에 있었다.

땅속에 뭔가 커다란 노란색 물체가 묻혀 있고, 수많은 잠자리 떼가 그 위를 맴돌고 있었다. 울타리 너머로 고개를 살짝 내밀기만 하면 보이는 위치였다. 주위를 둘러싼 갯버들 가지에 하얀 솜털 같은 싹이 돋아나고 있었다.

동물 사체 같은 거겠지, 하고 일단 집에 돌아오긴 했지만 그렇게 많은 잠자리 떼를 본 건 처음이라 아무래도 신경이 쓰였다. 그날 오후, 근처에 사는 친구를 불러서 한 번 더 살펴보러 갔다.

바리케이드를 넘어서 좁은 길을 따라 들어가자 문제의 '노란색 물체'를 바로 눈앞에서 확인할 수 있었다.

"이거 설마…."

코를 찌르는 악취가 진동했다. 머리와 팔다리는 없지만 그것은 인간의 몸통 같아 보였다. 어제부터 내린 비로 흙이 쓸려 나가면서 일부가 지표면으로 드러났고, 그 냄새에 이끌려 잠자리들이 몰려든 것 같았다.

"경찰관님, 이쪽이에요!"

오후 1시 55분, 미치코의 신고를 받고 출동한 시가현 모리야마 경찰서 소속 경찰관 한 명이 현장에 도착했다. 미치코와 친구가 지켜보는 가운데 경찰관은 바리케이드 안쪽으로 들어가 노란색 물체의 정체를 확인하고자 했지만 인간의 시체인지 개나 고양이의 사체인지 좀처럼 구분이 가지 않았다.

지역 경찰은 기본적으로 PSD(Police Station Data Terminal)라는 핸

드폰형 단말기를 소지하고 있다. 경찰관은 현장에서 PSD로 찍은 사진을 모리야마 경찰서로 보내 어떻게 하면 좋을지 지시를 내려 달라고 요청했지만 사진을 받은 당직 경찰관도 분간이 가지 않는 것은 마찬가지였다.

"사진은 확인했습니다. 시청 측에 회수해 가도록 요청하겠지만 아마 다음 주는 되어야 할 겁니다."

경찰관은 경찰차에서 쓰레기봉투를 가져와서 미치코의 도움을 받아 시체를 보이지 않게 덮은 다음 돌아갔다.

사흘 후인 3월 13일, 시청 직원 두 명이 시체를 회수하기 위해 현장을 방문했다. 전에 덮어둔 쓰레기봉투는 바람에 젖혀져서 아래 놓인 물체가 다 보이는 상태였다.

"이거 아무래도 사람 시체 같은데…."

이미 백골화가 진행되고 있어서 형체를 알아보기 힘들었지만 그것은 개나 고양이 같은 동물의 뼈가 아니라 인간의 뼈임이 분명했다. 지금까지 수많은 폐기물을 다루어 온 시청 직원의 신속하고 정확한 판단 덕분에 사건은 급물살을 타게 되었다.

신고를 받고 다시 출동한 모리야마 경찰서에서 시체를 인수해 갔고, 검시 결과 해당 물체는 성인 여성의 체간부라는 사실이 밝혀졌다.

시체는 양쪽 팔다리와 머리가 모두 잘려 나가 몸통 부분만 남은 상태였다. 좌우 양쪽 겨드랑이와 골반 아랫부분은 뼈의 단면이 드러나 있었고, 옆구리는 일부가 떨어져 나간 듯했다. 시청 직원이 제대로 살펴보지 않고 그대로 소각 처리했다면 이 사건은 영원히 묻혀 버렸을지도 모른다.

검시를 담당한 의사는 '약물이나 독극물 섭취를 시사하는 소견은 확인되지 않았으며, 사인은 특정할 수 없다'라고 보고했다.

남아 있는 몸통 부분만 가지고는 살인인지 사고인지조차도 판단하기 어려웠다.

모리야마 경찰서는 일단 시체 유기 사건으로 보고 수사에 착수했다.

엄마와 딸의 LINE: 2017/10/18 ⑴

엄마

너는 중고등학생 때랑 달라진 게 하나도 없어. 잘못을 반성하는 기미도 없고 엄마나 할머니한테 미안해하는 마음도 전혀 없지. 늘 너 하고 싶은 대로 할 생각만 하고, 다른 사람을 이용하고 배신하는 걸 아무렇지도 않게 여기고, 위기를 모면하기 위해 거짓말을 밥 먹듯이 하고, 그러다 들키면 적반하장으로 화내고, 마지막에는 도망치고. 너 말고 다른 사람 기분은 안중에도 없지. 처음부터 조산사 학교는 갈 생각도 없었지? 이런 식으로 엄마랑 할머니를 속이니까 좋니?

딸

애초에 간호사가 되고 싶어서 간호학과에 들어간 게 아니라 그저 재수 생활에서 벗어나고 싶다는 일념 하나로 선택한 길이었으니 조산사 학교에 관심이 안 가는 건 어쩔 수 없는 것 같아. 어쨌거나 지금은 간호사가 되고 싶으니까 조산사 학교에 들어갈 생각이야.

엄마

스스로 판단해서 조건을 받아들였으면 싫어도 끝까지 해야지. 제대로 해 볼 생각은 하지도 않고 남이 억지로 시킨 일이라서 할 마음이 들지 않는다고 언제까지 징징대기만 할 거니? 엄마는 정말이지 이해가 안 간다.

증언의 모순

하천 부지에서 발견된 것은 성인 여성의 체간부였다.

모리야마 경찰서는 여성의 신원을 특정하기 위해 현장 주변을 중심으로 탐문 수사에 나섰고, 얼마 지나지 않아 현장에서 370미터 떨어진 단독주택에 사는 한 젊은 여성에게 주목했다.

타카사키 아카리, 31세. 얼마 전 의과대학 간호학과를 졸업하고 병원에 간호사로 취직해 첫 근무를 앞두고 있었다.

아카리는 3월 15일에 집을 찾아온 경찰에게는 '엄마와 둘이 살고 있다'라고 대답했지만 다음 날 경찰이 다시 가서 묻자 "엄마는 여기 안 살고 지금 이 집에는 나 혼자 살고 있다"라고 말을 바꿨다. 게다가 이웃 주민들의 증언에 따르면 아카리의 엄마 타에코는 얼마 전부터 모습이 보이지 않는 상태였다.

모리야마 경찰서는 피해자가 타카사키 타에코일 가능성이 높다고 보고 수사망을 좁혀 나가기 시작했다. 동네 마트 등 타에코가 자주 드나들던 가게 주변의 CCTV 영상을 수집해서 분석한 결과, 1월 19일경부터 타에코의 행적이 묘연하다는 사실이 밝혀졌다.

후속 수사를 통해 타카사키 모녀의 생활상도 조금씩 드러나기 시작했다.

아카리는 타에코의 외동딸이었고, 아카리의 아버지는 아카리가 초등학생일 때부터 따로 나가 살아서 현재 집에는 20년 가까이 모녀 둘만 살고 있었다.

아카리는 초등학교 때부터 공부를 잘하는 편이었기 때문에 엄마인 타에코는 딸을 의대에 보내서 의사로 만들겠다는 강한 의지를 갖고 있었다. 아카리도 엄마의 기대에 부응하고자 의대 입학을 목표로 공부에 매진했다.

아카리는 2005년 시가현에 있는 기독교계 명문고를 졸업한 후 엄마의 뜻에 따라 의대 진학을 목표로 몇 번이고 재수를 거듭했지만 결국 꿈을 이루지 못하고 2014년 의과대학 간호학과에 입학했다. 아카리의 재수 기간은 무려 9년에 달했다.

20년 넘게 딸과 단둘이 한집에서 살던 엄마가 갑자기 딸을 두고 나갔다?

경찰이 보기에 아카리의 말은 모순투성이였다. 1월 이후 동네에서 타에코를 본 사람이 아무도 없다는 것도 이상했다.

모리야마 경찰서는 시체의 내장 및 혈관에 남아 있던 혈액을 채취해서 시가현 경찰본부 과학수사연구소로 보내 DNA 감정을 의뢰했다.

5월 17일, 아카리의 입안에서 채취한 세포와 부친의 타액을 비교 분석한 결과 아카리와 시체 사이에는 친자 관계가 성립한다는 사실이 확인됨에 따라 하천 부지에서 발견된 시체는 타카사키 아카리의 친모인 타카사키 타에코(58세)인 것으로 판명되었다. 아카리는 어째서 경찰에게 엄마랑 따로 살고 있다고 거짓말을 한 것일까. 경찰 내에서는 아카리가 모친을 살해한 후 시체를 토막 내서 버렸을 것이라고 보는 의견이 유력했다.

6월 5일, 모리야마 경찰서는 시체 유기 혐의로 타카사키 아카리를 체포했다. 이어서 6월 21일에는 시체 손괴 혐의로 추가 송치하고, 6월 26일에 시체 유기죄 및 시체 손괴죄로 기소했다.

아카리는 그 사이에 생일이 지나 서른두 살이 되었다.

엄마와 딸의 LINE: 2017/10/18 (2)

엄마

엄마가 제일 화가 나는 건 네가 원하지 않는데 억지로 강요당했다고 말하는 거야. 대학에 보내 주는 대신 조산사 면허를 취득한다는 조건을 받아들인 사람은 너잖아. 그래 놓고 자기가 아쉬울 때만 강요당했다는 핑계를 대는 건 너무 비겁하지 않니? 넌 항상 그랬어. 이기적이고 자기만 생각하지. 지금도 그러고 있고. 노력도 안 하고, 실패해도 반성할 생각도 없고, 그저 남 핑계만 대고 있잖아.

딸

내가 피해자 의식에 사로잡혀 있다거나 여러 가지 잘못된 행동들로 지금까지 엄마를 힘들게 한 사실을 잊어버리고 있다거나 그런 건 절대 아니야. 그냥 나 스스로 조산사가 되고 싶은 마음이 별로 없을 뿐이지. 그러다 보니 공부에도 의욕이 안 생기는 거고. 하지만 그렇다고 해서 조산사 학교에 가지 않겠다는 건 아니야. 이번에 좋은 결과를 얻지 못한 걸 반성하고 앞으로 더 열심히 공부해야겠다고 생각하고 있어.

욕실에서 토막을 냈습니다

경찰에 체포된 아카리는 자신이 저지른 범행에 대해 조금씩 털어놓기 시작했다. 아카리가 인정한 것은 살인이 아니라 시체 손괴 및 시체 유기에 대해서였다.

"엄마는 자살했습니다. 시체는 제가 토막 내서 강가에 묻었고요."

경찰은 물증 확보에 나섰다. 타에코의 시체를 절단하는 데 사용된 공구와 시체 위에 덮은 원예용 흙을 어디서 입수했는지 묻자 아카리는 집 근처 홈센터에서 구입했다고 대답했다. 실제로 아카리는 1월 20일 오후에 가지치기용 가위와 톱과 손도끼를 구입했으며, 구입 비용 1만 767엔은 엄마 명의의 신용카드로 결제한 것으로 확인되었다. 하지만 이들 공구는 이미 모두 아카리가 신문지에 싸서 버린 후였기 때문에 실물을 확보하는 데는 실패했다.

또 2월 20일에는 14리터짜리 유기배양토 두 포대를 구입했다는 사실도 밝혀졌다. 아카리는 시체를 절단할 당시 학교에서 실습 때 사용하는 일회용 비닐 가운과 얇은 고무장갑을 착용했다고 말했지만, 이것들 역시 사건 직후에 아카리가 쓰레기봉투에 넣어서 버렸기 때문에 확인은 불가능했다. 모든 증거를 철저히 인멸했다는 점에서 경찰은 이번 사건이 아카리가 계획적으로 저지른 범행일 가능성이 높다고 보고 수사를 진행해 나갔다.

특히 경찰에서는 2월에 아카리가 『로우 RAW』이라는 영화를 두 번이나 봤다는 사실에 주목했다. 이 작품은 수의대에 입학한 채식주의자 소녀가 선배들의 강요로 인해 토끼 콩팥을 날것으로 먹게 되고, 이를 계기로 식인에 눈뜨게 된다는 내용의 호러 영화다. 당시 간호대에 재학 중이던 아카리와 여주인공 사이에는 일부 공통되는 부분이 있는 만큼 이번 사건과도 연관 지어 생각해 봐야 하지 않겠냐는 의견이 제기되었다.

체포 후 18일이 지난 6월 23일, 사건 현장인 자택에서 피의자 입회하에 현장 검증이 진행되었다. 사건 당시 상황을 재현함으로써 피의자 진술에 모순이나 이상한 점이 없는지 확인하기 위한 작업이었다. 예를 들면 '시체를 옮겼다'라는 말 한마디에 대해서도 구체적으로 어떤 경로로 어떻게 옮겼는지를 일일이 확인하는 것이다.

"엄마는 1층 거실에서 자살했습니다."

현장 검증에서도 아카리는 엄마의 죽음은 어디까지나 자살이라는 전제하에 자신이 엄마의 시체를 토막 낸 경위에 대해 설명했다.

"시체가 딱딱하게 굳어서 욕실까지 옮기는 데 애를 먹었습니다. 벽을 짚고 시체를 질질 끌고 갔습니다. 옮기는 도중에 시체에서 오줌이 흘러나와 방바닥이 더러워졌습니다."

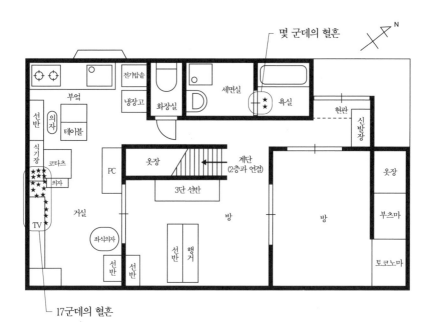

모녀가 살던 집의 1층 배치도

1층 복도를 사이에 두고 남쪽에는 거실과 방 두 칸이 있고, 북쪽에는 현관과 욕실과 화장실이 있었다.

　타에코가 사망한 거실은 제일 안쪽에 위치했고, TV를 바라보는 위치에 좌식 의자가 놓여 있었다. 현장 조사 결과, TV 주위에서 직경 0.5밀리미터 정도의 혈흔 열일곱 개가 발견되었으며 이는 모두 타에코의 것으로 확인되었다.

　아카리는 자신이 남서쪽에 위치한 거실에서 부엌을 지나 복도를 통과해 욕실까지 시체를 옮겼다고 진술했고, 현장 검증에서는 이 과정이 재현되었다.

　아카리는 시체를 욕실로 옮긴 후 가위로 옷을 잘라 벗겨냈다.

　처음에는 시체의 오른쪽 팔꿈치 언저리를 톱으로 자를 생각이었지만 쉽게 잘리지 않아서 집에 있던 식칼과 손도끼로 여러 차례 시도한 끝에 겨우 자르는 데 성공했다.

　이후 같은 방법으로 오른쪽 어깨, 다리, 머리를 차례대로 잘라 냈다. 시체를 토막 내기 전에 욕실 입구와 복도에는 미리 신문지를 깔아두었고, 잘라 낸 신체 부위는 욕실 앞에 있는 하늘색 쓰레기통에 넣었다.

　토막 낸 신체는 수건으로 둘둘 말아서 신문지로 감싼 후 30리터짜리 검은색 쓰레기봉투에 하나씩 나눠 담았다. 그런 다음 겉으로 형체가 드러나지 않도록 신문지를 뭉쳐서 틈새를 채워 넣었다.

　이렇게 완성된 쓰레기봉투 일곱 개를 현관 앞으로 옮겨놓은 다음 몸통 해체 작업에 들어갔다. 하지만 배꼽 아랫부분에 식칼을 찔러 넣은 순간 강렬한 악취가 터져 나와서 작업을 중단할 수밖에 없었다. 하는 수 없이 40리터짜리 쓰레기봉투 두 개를 가져와 몸통 양쪽에 씌운 뒤 그대로 하늘색 쓰레기통에 넣고 수건으로 덮었다.

　아카리는 쓰레기봉투 일곱 개를 모두 일반 쓰레기로 구분해서 버렸기 때문에 수사 단계에서 토막 낸 신체 부위는 발견할 수 없었다.

하지만 팔다리를 잘라 내고 남은 몸통은 너무 커서 일반 쓰레기로 버리는 것이 불가능했기 때문에 강가로 가져가서 버리고 그 위에 홈 센터에서 구입한 흙을 덮었다. 이윽고 3월이 되어 동네 주민인 사카다 미치코가 시체 주변을 맴도는 잠자리 떼를 목격하고 의문을 품을 때까지 몸통은 그 상태 그대로 방치되어 있었다.

아카리는 사건 직후인 4월부터 대학 부속 병원에 간호사로 취직해 두 달 정도 근무했다. 체포되기 전까지 병원에서 아카리를 수상하다고 여긴 사람은 아무도 없었다.

현장 검증을 통해 시체 손괴 및 유기에 관한 정황은 확인되었지만, 아카리는 여전히 살인에서 대해서는 인정하려 들지 않았다.

타에코가 거실에서 자살했다는 아카리의 진술이 사실이라면 고인에 게는 자살할 이유가 있었을 것이고, 하나뿐인 딸에게 유서도 남겼을 것이다. 하지만 유서는 발견되지 않았고, 죽기 전 친구와 주고받은 문자에서도 자살을 암시하는 내용은 찾아볼 수 없었다. 게다가 1층 거실에 놓인 TV 주변에서 혈흔이 열일곱 개나 발견되었다는 것은 타에코의 죽음이 타살일 가능성이 매우 높다는 것을 의미했다.

아카리는 자기가 죽이지 않았다고 했지만 이 집에 사는 사람은 모녀 둘뿐이었고 외부에서 누가 침입한 흔적도 없었다. 타에코가 자살했다는 아카리의 진술은 여러모로 앞뒤가 맞지 않았다.

경찰이 아카리를 의심하는 이유는 하나 더 있었다. 바로 아카리가 1월 20일 새벽 3시 42분에 트위터에 올린 글이었다.

【몬스터를 무찔렀다. 이제 안심이다.】

2018년 9월, 시가현 지방 경찰청은 피의자 본인이 혐의를 부인하는 가운데 아카리를 살인 혐의로 재체포하고, 10월에 추가 기소했다.

엄마와 딸의 문자: 2017/12/24

엄마

네 구질구질한 변명 따위 더는 듣고 싶지 않구나. 조산사고 뭐고 다 집어치워라. 너 때문에 마음고생하는 것도 지쳤다.

아무리 변명한들 네가 대학 4년 동안 제대로 공부하지 않은 건 사실이잖니. 그 결과 엄마를 이렇게 실망시키고 불행하게 만든 건 무슨 말로도 정당화할 수 없어.

딸

변명을 늘어놓으려고 한 게 아니라 엄마가 내가 무슨 말을 하는지 이해하기 어렵다고 하니까 다시 설명한 것뿐이야.

엄마

이해하기 어렵다는 건 정말로 이해가 안 간다는 게 아니라 그런 말 같지도 않은 소리는 하지도 말라는 뜻이야. 엄마를 바보 취급하는 것도 정도껏 해라.

딸

미안, 그럴 의도는 아니었어. 아무튼 이번에는 엄마한테 미리 의논하지도 않고 갑자기 다른 조산사 학교 얘기를 꺼내서 미안해.

엄마와 한 약속을 가볍게 여긴 건 아니지만 엄마가 그렇게 느꼈다면 사과할게.

어떤 방법으로 조산사가 될 것인지에 대해서 엄마랑 나랑 생각이 좀 달랐던 것 같아. 미안.

엄마

아까도 말했듯이 이제는 정말 아무래도 상관없어. 너처럼 그렇게 말로만 사과하는 게 무슨 의미가 있는지 모르겠다. 상황을 모면하기 위해 하는 말을 믿는 건 바보나 하는 짓이지. 너랑 엮이면 좋은 일이 하나도 없어. 엄마도 이제 정말 지쳤다. 참는 것도 한계가 있어. 미국 할머니한테는 엄마가 4년 동안 얼마나 고생했는지 솔직하게 털어놓고 전부 다 백지로 돌릴 생각이야.

너한테 속고 있는 줄도 모르고 그저 너만 바라보며 열심히 뒷바라지하는 엄마를 보면서 재미있었니? 지금까지 너한테 이용만 당하면서 의미 없이 흘려보낸 시간이 아까울 따름이다.

딸

어떻게 하면 조산사가 될 수 있는지 여기저기 알아본 게 이런 결과를 낳게 될 줄은 정말 몰랐어. 미안해.

엄마

이번 일 하나만 가지고 얘기하는 게 아니잖아. 너의 그 이기적인 성질머리가 문제라는 거야. 엄마가 만회할 기회를 몇 번이나 줬는데 넌 그걸 다 무시했어. 그래 놓고 이제 와서 착한 척하지 마. 넌 정신 상태가 글러 먹었어.

딸

엄마 말이 맞아. 다 내 잘못이야. 미안해.

살인을 인정한 판결

아카리 사건의 쟁점은 시체 손괴, 시체 유기, 살인 총 세 가지였다. 이 중 살인죄에 대한 부분은 무작위로 선출된 일반 시민이 재판에 참여하는 재판원재판으로 진행되었다. 재판원재판에서는 재판원으로 선출된 시민이 장기간 구속되어 업무나 학업에 지장을 초래하는 일이 없도록 하기 위해 사전에 공판 전 준비절차라는 단계를 거치게 된다. 이를 통해 공판 전에 미리 어느 정도 증거 및 쟁점을 정리해 놓기 때문에 재판 자체는 짧게 끝나는 것이 일반적이다.

2020년 2월, 오츠 지방법원에서 시작된 아카리의 공판도 겨우 일주일 만에 종결되었다.

아카리는 수사 단계에서와 마찬가지로 사체 손괴 및 유기에 대해서는 인정했지만 살인에 대해서는 무죄를 주장했다. '엄마는 내 눈앞에서 갑자기 부엌칼로 목을 찔러 자살했다'라는 것이 아카리의 주장이었다.

"저는 엄마를 죽이지 않았습니다."

"그날은 조산사 학교 불합격 통지를 받고 밤늦게까지 엄마한테 혼이 나고 있었습니다. 그러다가 엄마가 갑자기 진절머리가 난다면서 부엌에서 식칼을 꺼내 오더니 자기 목에 가져다 댔습니다. 저는 그냥 연기라고 생각하고 시선을 돌렸는데 다음 순간 엄마가 비명을 지르면서 거실에 깔아둔 이불 위에 쓰러졌습니다. 목에서 피가 나고 입에서도 피가 흘러나오고 있었습니다."

"엄마는 제게 항상 화만 내는 괴물 같은 존재였습니다. 제가 조산사 학교에 떨어졌다는 소식을 듣고 충동적으로 자살한 것이니 제가 죽인 거나 마찬가지라고 생각했습니다."

아카리의 진술에 따르면 타에코는 이전에도 자택 거실 대들보에 목을 매어 자살하려고 한 적이 있었다. 타에코가 전선으로 만든 올가미에 목을 집어넣으려고 하는 것을 보고 자신이 달려가서 말렸다는 이야기였는데 실제로 그런 일이 있었는지 확인할 길은 없었다. 타에코의 죽음이 자살이라는 주장에 신빙성을 더하기 위해 아카리가 지어낸 이야기일 가능성도 있었다.

한편 검찰은 경찰이 수집한 증거를 바탕으로 이번 사건은 제삼자에 의한 범행일 가능성이 매우 낮다는 점, 아카리에게는 충분한 살인 동기가 있었다는 점, 흉기를 버리는 등 아카리가 시종일관 용의주도한 모습을 보였다는 점, 사건 직후 아카리가 트위터에 범행을 암시하는 글을 올렸다는 점 등으로 미루어 볼 때 아카리가 타에코를 죽인 것이 틀림없다고 주장했다.

3월 3일에 선고된 판결에서 오츠 지방법원의 오니시 나오키 재판장은 검찰 측 주장대로 타카사키 아카리가 친모인 타에코를 죽였음을 인정하고 다음과 같이 판시했다.

피고인은 조산사 학교에 입시 원서를 제출한 것과 관련해 1월 5일 오전 9시 26분경부터 오후 0시 42분경에 걸쳐 피해자로부터 '너의 그 뻔뻔한 거짓말에 지금까지 놀아났다는 게 너무 어이가 없고 화가 난다. 이번에는 엄마가 너한테 지옥이 어떤 건지 제대로 보여 주마!', '원서를 제출했다느니 입학시험을 봤다느니 하는 것도 다 거짓말이지?', '이런 식으로 엄마를 속이고 배신해서 엄마 인생을 망가뜨린 책임을 져야 할 거다! 절대로 그냥 넘어가지 않을 거야!', '엄마 말을 들을래, 아니면 끝까지 너 하고 싶은 대로 할래? 하나만 골라!'라는 문자를 받았다.

피고인은 1월 5일 오후 3시경 대학교 공용 PC를 사용해 인터넷으로 '과도, 살인', '과도, 식칼' 등의 단어를 검색했다.

피고인은 1월 14일 피해자의 휴대폰으로 '칼로 죽이는 방법: 복수대행업자 비공식 사이트', '칼로 자살하는 방법', '목동맥을 끊으면 즉사하나요?' 등과 같은 인터넷 사이트를 열람했다.

피고인은 1월 17일 지메일 임시보관 기능을 사용해 '이제는 정말 결단을 내려야 할 것 같다. 기회는 몇 번이나 있었는데 용기를 내지 못한 것이 후회스럽다. 겁내지 말고 마음을 굳게 먹자. 이 일을 해내려면 확고한 의지가 무엇보다 중요하다. 일단 준비는 마쳤다'라는 글을 남겼다.
(중략)

위에서 확인된 경위 등에 따르면 피고인은 조산사 학교 입학시험 날짜가 가까워짐에 따라 피해자로부터 반드시 합격해야 한다는 강한 압박을 받고 있었고, 이와 동시에 피해자의 의향과는 달리 피고인 본인이 원하는 수술실 간호사가 되기 위해 간호사 지원 서류를 제출해야 하는 기한도 다가옴에 따라 심리적으로 코너에 몰린 상태였던 것으로 보인다.

그리고 피고인이 당시 심경에 대해 '피해자의 비난과 질책에 화가 나서 피해자가 죽어 버렸으면 좋겠다고 생각했다', '매일 밤낮을 가리지 않고 피해자한테 시달려서 신경이 날카로워져 있었다'라고 진술한 점 등을 종합해 보면 위와 같은 인터넷 검색이나 인터넷 사이트 열람, 지메일 임시보관 등은 피고인이 자신에게 강한 스트레스를 주는 존재인 피해자의 사망을 바라고 있었음을 나타내는 요소라고 볼 수 있다.

재판장은 피고인 본인이 부인하는 가운데 아카리가 타에코를 살해한 사실이 '합리적 의심의 여지 없이 인정된다'라고 결론짓고 징역 15년을 선고했다.

2장

몬스터를 무찔렀다

뒤바뀐 진술

1심에서는 끝까지 살인에 대해서는 부정했던 아카리가 오사카 고등법원에서 열린 2심에서는 자신이 엄마를 죽였다고 인정했다.

아카리는 오랜 기간 엄마로부터 집요한 간섭과 학대를 받아 왔고, 고등학교 졸업 후에는 무려 9년에 걸쳐 엄마의 감시하에 '감옥과도 같은' 재수 생활을 보내야 했다.

의과대학 간호학과를 졸업해서 이제야 엄마의 속박에서 풀려나는 줄 알았는데 이번에는 조산사 학교에 들어가라는 말을 듣고 더는 버티지 못하겠다고 느꼈지만 아카리에게는 이런 고민이나 스트레스를 털어놓을 상대가 아무도 없었다.

사건이 일어나기 열 달 전인 2017년 12월 20일경 아카리는 평소 엄마와 연락하는 용도로 사용하는 핸드폰 외에 다른 핸드폰을 한 대 더 가지고 있었다는 사실을 들키는 바람에 엄마한테 크게 혼이 났다. 타에코는 아카리의 핸드폰을 부순 후 아카리에게 무릎 꿇고 빌라고 강요했다.

"핸드폰뿐만 아니라 제 마음까지 산산조각이 난 기분이었습니다."

아카리는 변호사에게 이렇게 말했다. 아카리가 엄마에게 명확한 살의를 품게 된 것은 이때부터였다.

이듬해 1월부터 인터넷 검색 등으로 정보를 모으면서 구체적인 살해 방법을 짜기 시작했다. 그리고 손수 흉기를 준비했다.

아카리의 집에는 반려견 긴지가 씹어서 이가 다 빠지고 너덜너덜해진 효자손이 있었다. 아카리는 집 근처 생활용품 판매점에서 날 길이 20센티미터짜리 싸구려 식칼 하나를 구입한 다음 검은색 플라스틱으로 된 식칼의 손잡이 부분과 효자손의 손잡이 부분을 맞댄 상태에서 비닐 끈으로 둘둘 감아 단단히 고정했다.

식칼에 효자손을 이어 붙인 것은 엄마 몸에 직접 손을 대지 않고 찌르기 위해서였다. 엄마를 찔렀을 때 튄 피가 손에 묻지 않게 하려는 목적도 있었다.

아카리는 자신이 준비한 흉기를 거실 옆방에 있는 옷장에 숨긴 다음 지메일 임시보관 기능을 사용해 '일단 준비는 마쳤다'라고 적었다.

그리고 때가 오기만을 기다렸다.

때가 왔다

타에코는 밤마다 아카리에게 마사지를 시켰다.

자기 전 거실에 이불을 깔고 누워 30분에서 1시간 정도 발바닥, 종아리, 허리, 등 순으로 전신을 꼼꼼히 주무르게 한 뒤 마지막으로 목을 주무르게 했다. 보통 목 마사지를 시작할 때쯤 되면 잠이 들었다.

아카리는 전부터 이때가 절호의 기회라고 생각했다. 무방비 상태로 잠이 든 엄마는 아카리가 칼을 꺼내 와도 알아차리지 못할 터였다.

하지만 실행에 옮기기는 쉽지 않았다. 몇 번인가 기회는 있었지만 막상 기회가 주어지면 겁이 나고 망설여져서 엄마의 자는 얼굴을 가만히 내려다보기만 했다. 정말로 자는 게 맞는지 확인까지 하고도 용기가 나지 않아서 포기한 적도 있었다.

기회는 갑자기 찾아왔다.

1월 18일, 타에코는 조산사 학교 입학시험에 떨어진 아카리를 호되게 나무랐다. 그리고 이튿날인 19일 밤에는 평소와 다름없이 아카리에게 마사지를 시켰다. 거실에 깐 이불 위에 누운 타에코의 몸을 천천히 주무르고 목에 손을 가져갔을 때, 타에코는 예상대로 곤히 잠들어 있었다. 이미 날짜가 바뀌어 20일 새벽 2시를 지난 시각이었다.

오른팔을 아래로 하고 비스듬히 누운 엄마는 너무나도 무방비해 보였다.

아카리는 조심스럽게 자리에서 일어나 옆방으로 가서 옷장 속에 숨겨 둔 식칼 달린 효자손을 가지고 돌아왔다. 양손으로 효자손을 움켜쥐고 칼날을 타에코의 목에 힘껏 찔러 넣었다.

"악!"

엄마는 목에서 피를 뿜으며 왼팔을 뻗어 아카리 쪽으로 몸을 돌리려고 했다.

한 번으로는 부족해. 이대로라면 엄마가 일어나 버리겠어.

그 순간에는 너무 무서워서 엄마가 일어나지 못하게 해야 한다는 생각밖에 들지 않았다. 아카리는 엄마의 목을 반복해서 찔렀다. 칼끝이 무언가에 막혀서 더 들어가지 않았다. 아무래도 목뼈에 닿은 모양이었다.

두 번 세 번 반복해서 찌르자 엄마는 더는 아무 말도 하지 않고 팔을 툭 떨군 채 가슴을 들썩이며 거칠게 숨을 몰아쉬었다.

칼에 찔린 목과 입에서 대량의 피가 쏟아져 나왔다.

아카리는 가만히 서서 엄마의 상태를 지켜보았다. 몇 분이 지나자 조용해졌다. 엄마 옆에서 반려견 폰타와 긴지가 자고 있었지만 두 마리 모두 이변을 눈치채지 못한 듯했다.

엄마가 덮고 있던 이불과 베개는 물론이고 요 아래 깐 대나무 깔개까지 피로 새빨갛게 물들었다. 이불과 요 안에 든 솜도 피에 젖어 축 늘어져 있었다.

모든 것이 끝나고 한숨 돌린 아카리는 새벽 3시 42분에 자신의 트위터에 이렇게 적었다.

【몬스터를 무찔렀다. 이제 안심이다.】

항소심에서의 고백

피해자가 사망한 후의 행동에 대해 묻겠습니다. 엄마가 죽은 후 당신은 트위터에 글을 올렸지요?

"네."

어떤 내용이었나요?

"몬스터를 무찔렀으니 이제 안심이다, 대충 이런 내용이었습니다."

몬스터는 누구를 지칭하는 건가요?

"저희 엄마요."

해당 트위터 계정은 누구나 볼 수 있는 공개 상태로 설정되어 있었죠?

"네."

그 상태에서 그런 글을 올리면 세상에 대고 당신이 엄마를 죽였다고 외치는 거나 다름없는데 왜 그런 짓을 한 거죠?

"고양감 때문에 그런 것 같습니다."

드디어 해냈다는 성취감 같은 것 말인가요?

"네."

어떤 식으로든 표현하고 싶었다는 거군요?

"네."

트위터에 글을 올린 후에는 뭘 했죠?

"드라마를 봤습니다."

배우 카미카와 타카야가 나오는 드라마 말인가요?

"네. 전부터 계속 보고 싶었거든요."

시체는 뭔가로 덮어두었나요?

"얼굴을 수건으로 덮고 그 위에 다시 담요인가 이불인가를 덮었습니다."

그날은 드라마를 보고 잤나요?

"네."

시체를 토막 내야겠다고 마음먹은 건 언제였습니까?

"어떻게 죽일지 방법을 알아보는 과정에서 그렇게 하기로 정했습니다."

처음부터 토막을 낼 계획이었다는 거군요?

"네."

왜 그런 거죠?

"사이즈를 작게 만들지 않으면 처리가 불가능하니까요."

엄마를 죽였다는 증거를 없애려면 그렇게 하는 수밖에 없었다는 건가요?

"네."

왜 죽이고 나서 바로 토막을 내지 않았죠?

"체력적으로 많이 힘든 작업일 테니까 아르바이트 가는 날은 피하고 싶기도 했고, 또 엄마가 죽었다는 건 알지만 완전히 죽을 때까지 기다리는 게 좋겠다는 생각도 들었거든요."

그럼 시체가 계속 거실에 놓여 있었다는 말인데 아무리 이불로 덮어놨다고는 해도 무섭다거나 역겹다거나 하지는 않았나요?

"전혀요."

살해 직후에 시체를 토막 내지 않은 이유에 대해 검찰 조사 때는 뭐라고 대답했죠?

"토막 낼 때 엄마가 비명을 지를까 봐 좀 더 시간을 두고 기다렸다고 대답했습니다."

그 말은 곧 죽은 엄마가 다시 살아날지도 모른다는 뜻인가요?

"네, 엄마한테 더는 혼나고 싶지 않았거든요."

어쩌면 엄마가….

"저한테 또 화낼지도 모르겠다는 생각이 들었습니다."

죽은 엄마가 되살아나서 말이죠?

"네."

그럴 것 같은 기분이 들었다는 말이군요.

"네, 맞아요."

진실을 말하게 된 이유

2020년 11월 5일 오전, 오사카 고등법원에서 열린 아카리의 항소심 첫 공판은 예상과는 다른 전개를 보였다. 형사재판의 항소심에서는 통상적으로 1심에서와 같은 모두 진술은 생략하고 양측 주장은 서면으로 미리 제출하기 때문에 당일 결심(結審)하는 경우가 대부분이다. 피고인이 반드시 출석해야 하는 것도 아니고 출석하더라도 사실 관계를 다시 확인하는 것이 아니기 때문에 빠르면 10분 만에 끝나기도 한다.

하지만 아카리의 항소심에서는 재판 첫머리에 변호인이 항소 이유서를 낭독하면서 지금까지 피고인 본인이 줄곧 부인해 온 살인에 대해 범행을 인정한다고 밝혔다. 곧이어 시작된 피고인 질문에서 아카리는 변호인을 상대로 자신이 엄마를 죽였다고 고백했다.

아카리가 제출한 진술서에는 범행에 이르게 된 동기가 자세히 적혀 있었다.

재수를 하던 당시 나는 20대였다. 내 마음은 회복력과 유연성을 갖추고 있었고 어느 정도 뻔뻔하기도 했으며 상황에 따라서는 체념할 줄도 알았다. 하룻밤 자고 일어나면 전날 있었던 안 좋은 일은 다 잊어버리고 무덤덤한 마음으로 다시 하루를 시작할 수 있었다. 꿈이나 희망 같은 건 딱히 없었고 앞으로 내 인생이 어떻게 굴러가든 상관없다고 생각했다. 길어지는 재수 생활에 불만이 쌓여서 한번은 엄마 몰래 도망치기도 했지만.

하지만 남들처럼 평범한 대학 생활을 경험한 후에 다시 지옥으로 돌아가고 싶지는 않았다. 폭언을 들으면 아무리 시간이 흘러도 마음에 난 상처가 아물지 않았다. 엄마의 말 한마디 행동 하나에 긴장하고 신경을 곤두세웠다. 엄마가 저렇게 된 데에는 내 탓도 있기 때문에 미안한 마음은 있었다. 하지만 그렇다고 해서 조산사가 되고 싶지는 않았다. 내게는 수술실 간호사가 되고 싶다는 현실적인 꿈이 있었고, 기회가 닿으면 대학원에도 가고 싶었다. 인생에 집착하게 된 것이다. (중략)

엄마는 나를 진심으로 증오했다. 나도 엄마를 증오했다. 엄마한테 '너 같은 거 죽어 버렸으면 좋겠다'라는 말을 들으면 나는 속으로 '나보다 엄마가 먼저 죽을걸'이라고 중얼거렸다. 그러다가 밤에 엄마가 마사지를 받다가 잠들고 사위가 조용해지면 허무감이 몰려왔다. 마음이 울적하고 그냥 다 끝내 버리고 싶어졌다. 엄마가 죽고 이제 증오할 일도 증오받을 일도 없다고 생각하니 마음이 홀가분했다.

딸이 간호사가 되어 병원에서 일하겠다는데 엄마가 결사반대하면서 병원 입사를 취소하고 조산사 학교에 들어가라고 한다. 나조차도 이해하기 어려운 이런 고민을 아무에게도 털어놓을 수 없었다. 아빠, 외할머니, 대학 동기, 선생님, 병원 관계자, 아무에게도. 엄마와도 제대로 된 신뢰 관계를 쌓지 못한 나는 나 자신 외에는 아무도 믿지 못했다. 재수생 때부터 그랬다. 고등학생 때 너무 솔직하게 다 털어놓는 바람에 친구를 잃은 적이 있었고, 그래서 대학이나 직장에서는 같은 실수를 반복하고 싶지 않았다.

무엇보다 이미 미쳐 버린 엄마를 막을 수 있는 사람은 아무도 없었다. 엄마와 나, 둘 중 하나가 죽지 않으면 끝나지 않았을 거라고 지금도 확신한다.

아카리가 엄마를 죽이기로 결심한 것은 9년이나 의대 재수를 강요당했기 때문이 아니었다. 엄마의 폭언과 집착으로 얼룩진 지옥 같은 시간을 벗어나 이제 겨우 자기 발로 서게 되었는데 또다시 그 지옥이 반복될지도 모른다는 사실에 절망했기 때문이었다.

20대에는 어떻게든 버티고 흘려 넘길 수 있었다. 하지만 9수 끝에 대학이라는 바깥세상을 경험한 지금은 그렇게 버틸 자신이 없었다. 나이도 이미 서른이었다. 아카리에게 입시 지옥은 두 번 다시 돌아가고 싶지 않은 끔찍한 곳이었다.

아카리는 진술서를 다음과 같이 끝맺었다.

엄마와 나, 둘 중 하나가 죽지 않으면 끝나지 않았을 거라고 지금도 확신한다.

아카리는 범행을 망설이지 않았다. 굳이 말하자면 후회도 하지 않았다. 내가 죽든 엄마가 죽든 둘 중 하나는 죽어야 한다. 그 외에 다른 선택지는 존재하지 않았다.

엄마의 존재는 딸을 단단히 옭아매고 있었다.

아카리는 엄마를 죽인 후 바로 시체를 토막 내지 않은 이유에 대해 '엄마가 되살아나서 나한테 화낼지도 모르겠다는 생각이 들어서'라고 대답했다.

검사가 재차 질문하자 대학에서 해부 실습을 마친 시신을 볼 때와 비슷한 느낌이었다고 답했다. 의대 실습에서는 기증된 시신을 향해 모두가 묵례를 올린 후 해부를 진행한다. 간호대생인 아카리는 의대생들이 해부를 마친 시신을 볼 기회가 있었다. 엄마의 시체를 토막 낼 때도 이때의 경험을 떠올렸다는 말이었다.

1심에서 실시한 정신 감정 결과에 따르면 아카리는 중간 정도의 자폐 스펙트럼 장애를 가지고 있는 것으로 나타났다. 변호인은 이 사실을 바탕으로 사건 당시 아카리는 정상적인 상황 판단이 불가능했으며 이것이 당시의 불가해한 행동으로 이어진 것이라고 설명했다(판결에서는 자폐 스펙트럼 장애와 범행의 인과 관계는 인정되지 않았다).

아카리는 엄마를 살해한 직후, 이전부터 보고 싶었던 드라마 『BG 신변경호인』 1화를 시청했다고 진술했다. 카미카와 타카야는 주연인 키무라 타쿠야의 상사 역할을 맡은 배우로, 극 중에서는 전직 경찰관이라는 설정이었다.

2021년 1월 26일에 선고된 2심 판결에서 오사카 고등법원의 이와쿠라 히로미치 재판장은 원심 판결을 파기하고 타카사키 아카리를 징역 10년에 처했다. 참고로 이와쿠라 재판장은 같은 해 3월 1일자로 퇴임했다.

이와쿠라 재판장은 1심에서 피고인이 모친 살해에 이르게 된 경위 및 사정이 명확하지 않았다는 점을 지적하고, '살인의 배경에는 정상적이라고 보기 어려운 수준의 간섭과 감시가 존재했기 때문에 그 결과 피고인이 피해자를 살해하게 된 데에는 동정의 여지가 있다'라고 밝혔다.

피고인이 범행 전반에 걸쳐 무계획적이고 충동적인 면을 보이는 점, 기소 후 피고인의 부친이 면회를 오는 등 가족으로부터의 지원이 있다는 점을 고려하면 오츠 지방법원의 원심 판결은 지나치게 무겁다는 판단하에 형기를 대폭 줄여준 것이다. 모친을 죽일 정도로 궁지에 몰리게 된 사정을 참작한 결과 아카리에게 동정적인 판결이 내려진 것이라고 할 수 있다.

"자신의 죄를 진심으로 뉘우치고 평생 갚아 나가기 바랍니다. 앞으로의 진로는 피고인 본인이 정해야 합니다. 부모가 정해 준 길을 걸어가는 것은 답답하지만 편한 측면도 있었을 겁니다. 부모 입장에서는 자식을 생각하는 마음도 있었을 것이고요. 옆에서 아버지가 도와주더라도 피고인은 앞으로 많은 어려움을 겪게 될 것입니다. 아무리 힘들어도 포기하지 말고 자신이 선택한 길을 끝까지 걸어나감으로써 진정으로 회개하고 갱생하기 바랍니다."

이와쿠라 재판장이 타이르듯 말하자 아카리는 묵묵히 고개를 숙였다.

검찰 측과 피고인 측 모두 상고하지 않아서 징역 10년의 판결이 그대로 확정되었고, 아카리는 간사이 지역에 위치한 교도소에 수감되었다.

3장부터는 아카리의 수기를 바탕으로 모녀가 지내 온 세월에 대해 살펴보도록 하겠다.

3장

엄마와 딸

호숫가 마을

1986년 일본 경제계의 가장 큰 화두는 환율이었다. 전년 9월 플라자 합의 직전 달러당 250엔 정도였던 엔·달러 환율은 1년 만에 150엔대까지 치솟았다.

기록적인 엔고 현상에 대처하기 위해 일본은행이 총 다섯 차례에 걸쳐 기준 금리를 2퍼센트포인트 넘게 인하하는 등 대대적인 금융 완화 정책을 펼치면서 일본은 거품 경제 시기에 돌입하게 된다.

가요계에서는 동년배인 호리 치에미, 하야미 유, 이시카와 히데미 등을 제치고 나카모리 아키나가 「DESIRE」로 2년 연속 일본 레코드 대상을 수상하며 일본을 대표하는 가수로서의 입지를 확고히 다졌다.

같은 해 4월에는 근로부인복지법을 개정한 남녀고용기회균등법이 시행됨에 따라 여성의 사회 진출이 크게 증가했다.

교토와 오사카 주변의 대표적인 베드타운 중 하나인 모리야마시는 이즈음에 택지화가 진행되면서 인구가 늘어나고 있었다.

1983년에 인구 5만 명을 돌파하고 1992년에는 6만 명을 넘어섰다. 평균적으로 매년 1천 명 정도가 유입된 셈이다. 특히 아이 키우기에 적합한 환경을 찾아 가족 단위로 전입해 오는 경우가 많아 시내 곳곳에 학교와 공공시설이 새로 지어졌다.

모리야마역 앞 아파트에 사는 타카사키 부부의 첫아이인 아카리가 태어난 것은 1986년 6월 22일의 일이었다. 아카리는 세상의 빛이 되라는 의미로 엄마인 타에코가 붙여 준 이름이었다.

아카리의 가장 오래된 기억은 어린이집 시절로 거슬러 올라간다. 철이 들 무렵부터 엄마는 딸에게 종종 거친 말을 하곤 했다.

우리 가족은 조용한 환경을 찾아 역 앞 아파트에서 교외로 이사를 갔다. 집을 구입할 때 들어가는 계약금은 외할머니가 대신 내주셨다.

이사 간 지 얼마 지나지 않아 하루는 엄마가 나를 데리고 밖으로 나갔다. 당시 세 살이었던 나에게 반딧불이를 보여 주기 위해서였다. 길었던 여름 해가 저물어 사위가 어둑어둑했다. 우리 집 주변에는 민가가 드문드문 있었고, 널따란 논밭 위를 반딧불이가 날아다녔다. 한적한 시골 마을이 조금씩 뉴타운으로 변해 가고 있었다.

또 하루는 어린이집에서 돌아오는 길에 엄마가 차창 밖으로 보이는 공립 중학교를 가리키며 이렇게 말했다.

"바보 학교 주제에 건물은 좋구나."

나는 잘 정비된 학교 건물을 멍하니 쳐다보았다. 헬멧을 쓰고 체육복을 입은 학생이 자전거를 타고 가는 모습이 보였다.

"진짜 꼴불견이네."

엄마가 눈살을 찌푸리며 중얼거렸다.

아카리 아버지의 기억에 따르면 아카리가 어렸을 때 엄마와 딸 사이는 매우 좋았다.

아카리는 엄마가 좋다는 말을 자주 했고, 몸이 약한 엄마를 위해 자기가 의사가 돼서 엄마를 낫게 해 주겠다고도 했다. 하지만 엄마인 타에코는 딸의 교육에 매우 엄격한 편이었다.

어린이집에 다니던 당시 나는 조심성이 부족한 아이였다. 귀여운 캐릭터가 그려진 타이츠나 빨간색 체크 무늬 바지를 입혀 주면 온 사방을 천방지축 싸돌아다니다가 하루도 지나지 않아 무릎에 구멍을 내곤 했다. 그런 일이 몇 번이나 반복되자 화가 머리끝까지 난 엄마는 나를 질질 끌어다가 2층에 있는 침실 옷장 안에 가둬 버렸다. 아무리 밀어도 문은 열리지 않았고, 어둠 속에 갇힌 나는 무서워서 엉엉 울었다.

초등학교 2학년 때 외바퀴 자전거를 선물 받아서 동네 친구들과 함께 타고 놀았다. 이웃에 사는 고학년 언니가 체육복 차림으로 헬멧을 쓰고 자전거를 타고 있었다.

"진짜 꼴불견이네."

엄마의 차가운 말투가 머릿속에 맴돌았다.

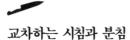

교차하는 시침과 분침

타에코는 자기 나름대로 아카리에게 영재 교육을 시키고자 했고, 아카리가 질문에 제대로 대답하지 못하면 호되게 혼을 냈다.

눈앞에 빨간색 장난감 시계가 놓여 있다.

가로 세로 30센티미터 정도 되는 크기이고 머리에 종이 두 개 달린 알람 시계다.

나는 거실 테이블 의자에 앉아 있고 엄마는 내 왼쪽 맞은편에 앉아 있다.

"오늘은 틀리지 말고 잘해 보자."

"응."

엄마의 희고 가느다란 손가락이 빨간색 바늘을 돌린다. 짧은 바늘은 9, 긴 바늘은 3을 가리키고 있다.

"몇 시 몇 분?"

"9시 15분."

엄마의 손톱은 피부색에 가까운 연핑크색이고 은은한 광택을 띠고 있으며 집안일을 하는 데 지장이 없을 정도의 길이로 정돈되어 있다. 짧은 바늘은 1, 긴 바늘은 10을 가리키고 있다.

"이건?"

"1시… 50분."

　벽에 걸린 시계에서 똑딱똑딱 시곗바늘 돌아가는 소리가 들린다. 짧은 바늘은 2, 긴 바늘은 5를 가리키고 있다. 아아, 안 좋은 예감이 든다. 어제 틀린 문제랑 비슷한 모양이다. 어… 그러니까… 어느 쪽이었더라….

"2시… 35분."

"뭐?!"

　이런, 또 틀렸다!

"그건 7일 때지! 어제 엄마가 제대로 가르쳐 줬잖아. 자, 잘 봐 봐."

　긴 바늘이 6을 가리킨다.

"이건?"

"30분."

"맞아. 그럼 5는 6보다 5분 빠르니까 25분, 7은 6보다 5분 느리니까 35분이겠지. 이해했어? 어제도 똑같은 걸 가르쳐 줬잖아. 기억나?"

"으, 응."

"그런데 왜 또 틀리냐고!"

　엄마가 테이블을 탕 내리쳤다.

"쯧."

　엄마가 혀를 차며 손톱을 살폈다. 엄마는 손톱에 신경을 많이 쓴다.

"몇 번이나 가르쳐 줬는데 왜 계속 틀리는 거야?"

　왜, 어째서라고 물어도 나는 대답할 말이 없다. 가슴이 답답하다. 무섭다. 싫다.

"엄마, 잘못했어요."

시곗바늘이 흐릿하게 보였다.

아카리가 다섯 살이 되자 타에코는 딸을 집 근처 영어 학원에 보냈다. 초등학교에 입학한 후에는 최상위권 성적을 받아 올 것을 요구했고, 아카리의 방에는 타에코가 사 온 참고서들이 쌓여 갔다. 타에코는 평범한 엄마가 아니었다. 교육열에 불타는 엄마들 중에서도 유별나게 엄격한 편이었다.

"시험 문제는 수업 시간에 배운 것 중에서 나오니까 수업을 제대로 듣고 예습과 복습을 철저히 했으면 만점을 받는 게 당연해. 하나라도 틀린다는 건 노력이 부족하다는 증거야."

"엄마는 누가 시키지 않아도 알아서 공부를 잘했고, 학원도 안 다니고 혼자 공부했는데도 좋은 성적을 받았어. 그러니까 엄마보다 훨씬 더 좋은 환경에서 공부하는 넌 당연히 더 잘해야겠지? 못 하는 게 이상한 거야."

학교 시험은 100점 만점에 90점을 넘어야 했고, 그보다 낮은 점수를 받으면 난리가 났다. 아카리는 초등학교 2학년 때 가장 자신 있는 과목인 국어에서 실수를 한 적이 있었다.

국어 시험 답안지를 받아들고 머릿속이 새하얘졌다.

89점.

이렇게 낮은 점수를 받은 건 처음이었다. 십의 자리는 늘 9였고, 일의 자리도 5보다 크지 않으면 엄마한테 혼이 났다. 그런데 십의 자리가 8이라니….

답안지에는 파란색 캥거루가 그려져 있었다. 89라는 숫자도 파란색 펜으로 적혀 있었던 것 같다. 90점 이상은 빨간색 펜으로 적혀 있었다. 지금까지는 빨간색밖에 본 적이 없었는데….

그날은 수업 내용이 하나도 귀에 들어오지 않았다. 친구들과 어울리지도 않고 혼자서 우울함에 빠져 있었다.

엄마가 집에 오다가 교통사고라도 당하면 좋을 텐데….

물론 그런 바람이 이루어질 리 없었다.

아무 일 없이 집에 돌아온 엄마에게 쭈뼛쭈뼛 답안지를 내밀었다.

"이 점수는 대체 뭐야? 이런 걸 성적이라고 받아 왔어?"

엄마는 기가 차서 말이 안 나온다는 표정으로 나를 쳐다보았다.

"이런 점수로는 부속 중학교는 무리야. 바보 학교밖에 못 간다고."

"…죄송해요."

"죄송이고 나발이고 대체 어쩌다 이런 점수를 받은 거야? 엄마가 말했지? 시험 문제는 학교에서 배운 내용 중에서만 나오는 데다가 범위도 정해져 있으니까 제대로만 공부하면 100점을 받는 게 당연하다고. 그런데 넌 어떻게 이렇게 당연한 걸 못 하니?"

왜 못 하는지는 나도 모른다.

나로서는 그저 울면서 용서를 구하는 수밖에 없었다.

그중에서도 특히 요구 사항이 까다로운 과목은 산수였다. 산수는 엄마인 타에코가 가장 자신 있는 과목이기도 했다. 타에코는 아카리에게 온갖 종류의 문제집을 사다 안기며 매일 밤 풀게 했다. 딸 옆에 딱 달라붙어서 과외 선생님처럼 문제 푸는 법을 가르쳤다.

A 지점에서 철수가 시속 4km로 출발하고 A 지점에서 38km 떨어진 B 지점에서 영희가 시속 15km로 출발할 경우 두 사람은 몇 시간 후에 만나게 되는가? 다리가 두 개인 학과 다리가 네 개인 거북이가 총 여덟 마리 있고 다리의 개수는 총 스물여섯 개라면 학과 거북이는 각각

몇 마리인가? 소 여섯 마리가 다 먹으려면 9일이 걸리고 소 여덟 마리가 다 먹으려면 6일이 걸리는 목장의 풀을 소 열한 마리가 다 먹으려면 며칠이 걸리는가?

아카리는 지금도 초등학교 산수가 어려웠다고 기억한다. 초등학교 산수는 방정식을 사용하지 않고 문제별로 적절한 해법을 적용해야 하기 때문에 아이들이 어렵다고 느낄 만도 하다. 아카리가 같은 문제를 반복해서 틀리거나 어떻게 푸는지 몰라 헤매고 있으면 가차 없이 엄마의 호된 질책이 날아들었다.

"왜 자꾸 틀리는 거야?"

"왜 이런 쉬운 문제를 못 푸는 건데?"

"엄마가 몇 번이나 가르쳐 줬잖아!"

"너 바보야?"

"다른 애들은 다 아는 문제를 왜 너만 모르냐고!"

아카리의 공부 시간은 매우 길었다. 평일에는 두세 시간, 주말에는 대여섯 시간씩 책상 앞에 앉아 있었다. 타에코는 딸의 학습 진척도를 체크하기 위해 초등학교 고학년 때부터는 아카리에게 일지를 쓰게 했다. 타에코가 집에 있는 컴퓨터로 직접 만든 A4 용지 크기의 표 맨 위에는 '아카리의 학습일지'라는 제목이 적혀 있었다. 표에는 날짜, 과목, 공부한 내용, 공부한 시간을 적어 넣게 되어 있었고, 아카리는 매일 밤 엄마에게 그날 공부한 노트와 함께 일지를 제출해야 했다. 체육 외에 딱히 싫어하는 과목은 없었지만 공부가 재미있다고 느낀 적도 없었다.

특히 산수는 엄마의 기대치가 너무 높았기 때문에 사립 중학교에 들어가기 위해 본격적으로 입시 공부를 시작할 무렵부터 아카리는 산수를 싫어하게 되었다.

타에코가 아카리를 영어 학원에 보낸 것은 영어는 자신이 직접 가르칠 수 없는 과목이었기 때문이다. 학원은 집에서 도보 5분 거리에 있었고, 아카리는 초등학교 고학년이 될 때까지 주 1회 학원 수업을 들었다.

초등학교 고학년이 되자 주 3~4회 수업을 하는 역 앞 입시 학원에 등록했다. 그러다가 몇 번인가 수업을 빼먹은 것이 들켜서 결국 학원을 그만두고 과외를 받게 되었다.

하지만 엄마가 원한 만큼 성적은 오르지 않았다.

아카리가 초등학교 6학년이던 어느 날, 화가 난 타에코가 식칼을 들고 아카리에게 달려들었다. 몸싸움을 벌이는 과정에서 칼날이 아카리의 팔을 스치는 바람에 살갗이 벗겨져서 피가 났다. 신기하게도 전혀 아프지는 않았다. 그날 엄마가 왜 식칼을 휘둘렀는지 아카리는 정확한 이유를 기억하지 못한다.

아카리의 왼팔에는 지금도 4센티미터 정도 되는 흉터가 남아 있다.

투명한 막에 둘러싸여서

교외에 있는 단독주택으로 처음 이사 왔을 당시 아카리의 아버지는 동네 주민자치회 활동에 적극적으로 참가했다. 하지만 회사에서 맡고 있는 건물 유지보수라는 업무 특성상 근무 시간이 불규칙하다 보니 시간이 지남에 따라 이웃과의 교류는 점차 줄어들었다.

엄마인 타에코는 아카리를 어린이집에 보내기 전부터 공장 검품 파트에서 일하고 있었다. 공장은 역에서 차로 10분 정도 떨어진 곳에 위치해 있었다. 타에코는 이웃과 어울리는 것보다 직장 동료와 함께 노래방에 가거나 밥 먹으러 다니는 것을 더 좋아했지만 인간관계가 틀어져서 결국 일을 그만두게 되었다. 아카리가 초등학교 5학년 때의 일이었다.

엄마가 일을 그만두었다.

나는 지금까지 우리 엄마는 요리를 못 하는 사람인 줄 알았다. 우리 집 저녁 밥상에는 주로 마트에서 파는 반찬들이 올라왔고, 엄마가 하는 요리라고는 거기에 채 썬 양배추를 곁들이는 정도가 고작이었기 때문이다. 그래도 맛은 있었기에 딱히 불만은 없었다.

일을 그만두고 전업주부가 된 엄마는 마트에서 저렴한 식재료를 사 와서 일식, 양식, 중식 등 다양한 요리를 만들기 시작했다. 가끔은 젤리나 도넛 같은 간식을 만들어 주기도 했다.

엄마가 해 준 요리는 다 맛있었다. 생각해 보면 채 썬 양배추도 가늘고 고르게 썰려 있어서 씹을 때의 아삭한 식감이 일품이었다.

엄마가 만들어 준 요리 중에서 가장 기억에 남는 것은 계란말이다. 단단하게 말려서 속이 꽉 들어찬 샛노란 계란말이. 내 도시락에는 늘 밥반찬으로 최고인 계란말이가 들어 있었다. 엄마는 계란말이에 설탕을 넣지 않았다.

일주일에 한 번 정도는 엄마와 둘이서 외식을 하러 나갔다. 주로 가는 곳은 백화점 푸드코트, 라멘 가게, 회전초밥 가게, 햄버거 가게 등이었다. 한 달에 한 번 정도는 피자를 시켜 먹었다. 아빠와 함께 밥을 먹으러 나간 적이 없지는 않지만 다 합쳐도 손에 꼽을 정도였다.

엄마는 도쿄 디즈니 리조트를 좋아했다. 내가 중학교에 들어가기 전까지는 엄마랑 둘이서 매년 한 번씩 놀러 갔다. 심야 버스를 타고 가서 아침부터 밤까지 놀고, 럭셔리한 호텔에서 하룻밤 자고 일어난 뒤 다시 아침부터 밤까지 놀고, 커다란 인형과 기념품을 양손 가득 든 채 다시 심야 버스를 타고 집으로 돌아왔다.

퍼레이드를 구경하다가 마차 위에서 이쪽을 향해 손을 흔드는 미키 마우스를 향해 엄마가 "미키! 이쪽이야!" 하고 큰 소리로 외치는 것을 보고 깜짝 놀라 쳐다보자 엄마는 "멀뚱하게 서 있지 말고 고개를 이쪽으로 돌려야지!"라고 나를 재촉하면서 재빨리 카메라 셔터를 눌렀다. "꺅! 미니 마우스다!" 거기 있는 사람들 중에서 엄마가 제일 즐거워 보였다.

엄마는 나를 여러 유명 테마파크에 데려가 주었다. 주위 친구들은 한두 군데 가 본 적이 있을까 말까 한 정도였기 때문에 내심 우월감을 느끼기도 했다. 초대형 인형은 나의 큰 자랑거리였다.

하지만 즐겁지는 않았다.

따분했다는 말은 아니다.

반짝반짝 빛나는 별세계 같은 분위기 속에서 화려하게 단장한 테마파크의 캐릭터들이 활짝 웃으며 함께 놀자고 손짓하는데 내 주위에만 얇고 투명한 막이 둘러쳐져 있는 듯한 느낌이었다.

주위 사람들은 모두 디즈니의 세계관에 푹 빠져 있는데 나 혼자만 이곳 분위기에 녹아들지 못하고 있다. 아카리의 마음 한구석에는 줄곧 그런 위화감이 자리 잡고 있었다.

엄마는 유명한 촬영 스팟에서는 반드시 아카리의 사진을 찍고 싶어 했고, 가이드북을 보면서 다음에는 어떤 놀이기구를 타러 갈지 분 단위로 계획을 짜서 움직였다. 그러다가 아카리가 갑자기 화장실에 가고 싶다고 하면 짜증을 냈다. 아카리는 엄마의 기분을 풀어 주기 위해 필사적으로 카메라 앞에서 웃는 얼굴로 포즈를 취했다.

"또 오고 싶으면 공부 열심히 해." 그렇게 말하는 엄마에게 "응!" 하고 밝게 대답하면서 속으로는 '별로 즐겁지도 않고 피곤하기만 해서 나는 또 안 와도 상관없는데'라고 생각했다.

한편 아버지와의 관계는 평범했다.

주말 아침이면 아버지와 둘이서 경차를 타고 주민자치회가 소유한 공터로 갔다. 차 트렁크에는 아버지가 홈센터에서 구입한 배드민턴 라켓과 공, 프리스비, 라크로스 스틱 등 다양한 놀이 도구가 들어 있었고, 그날그날 기분에 따라 원하는 것을 꺼내 놀았다. 1시간 정도 놀다가 유소년 야구팀이 연습하러 오면 짐을 챙겨서 집으로 돌아왔다.

아카리가 가장 좋아한 것은 호수 수영이었다.

비와코 호수는 집에서 엎어지면 코 닿을 데 있었다. 차로 5분만 가면 눈앞에 푸른 호수가 펼쳐졌다. 가는 길에 편의점에 들러 점심으로 먹을 주먹밥과 음료수를 사서 아이스박스에 넣었다.

남쪽보다 북쪽이 사람도 적고 물도 더 투명했다. 호숫가를 따라 하얀 모래사장이 넓게 펼쳐져 있었다. 호수에는 염분이 없어서 몸이 뜨지 않는 대신 끈적하게 달라붙지도 않았기 때문에 바다 수영과는 전혀 다른 상쾌함을 맛볼 수 있었다.

"아빠, 태엽이 뭐야?"
"태엽? 어… 태엽은 네가 가진 오르골 뒤에 붙어 있는 건데…."
"손으로 잡고 돌리는 은색 돌기?"
"그래, 그거야."
"그렇구나."
차창 너머로 월정액 주차장의 간판이 보였다.

"아빠, 저기 모터풀(motor pool)이라고 써 있는데 수영장(pool)은 어디 있어?"

"어…."

"아빠, 오렌지주스 마셔도 돼?"

"어…."

2시간 정도 걸려서 목적지인 호숫가에 도착했다.

파라솔 설치는 아빠에게 맡긴 채 나는 물안경과 튜브를 들고 곧장 호수로 달려갔다.

부표에 튜브를 고정해 놓고 숨을 깊이 들이쉰 다음 물속으로 들어갔다. 맑고 투명한 물, 옅은 회색빛 담수어, 둥둥 떠다니는 수초…. 물 밖으로 고개를 내밀면 저 멀리 모래사장에서 아빠가 이쪽을 향해 손을 흔들고 있는 것이 보였다. 다시 물속으로 들어갔다. 물고기를 잡아 볼까. 물고기가 손가락 사이로 도망간다. 다시 물 밖으로 고개를 내민다. 잠수한다. 물고기를 쫓는다. 놓친다. 고개를 내민다. 똑같은 행동의 반복.

어느샌가 사람들이 많아졌다. 해가 머리 위에 와 있었다.

놀다 보니 배가 고팠다.

차가운 주먹밥이 꿀맛이었다.

미지근해진 호수에서 질리지도 않고 열심히 물고기를 쫓았다.

아빠는 파라솔 아래에서 잠이 들었다.

어느샌가 사람이 줄어들었다. 소나기가 내리기 시작했다.

아빠가 개구리헤엄을 치며 내 쪽으로 다가왔다.

결국 물고기는 한 마리도 잡지 못했다. 다음에는 그물을 가져오면 어떨까. 하나 사 달라고 해야겠다.

집으로 돌아오는 길에 차창 너머로 무지개가 보였다.

"아빠, 무지개 끝부분은 어떻게 생겼어?"

"글쎄, 어디 한번 갈 수 있는 데까지 가서 확인해 볼까?"
아무리 가도 무지개의 끝부분은 보이지 않았다.

시가현에 사는 아이들에게 호수에서 수영하는 것은 대표적인 여가 활동 중 하나였다. 아카리는 아버지와 두서없는 이야기를 주고받으며 호수에서 물고기를 잡거나 차를 타고 무지개를 따라 달려가는 시간을 좋아했다.

아버지는 어린 아카리에게 좋은 놀이 상대이자 대화 상대였으며 함께 엄마에게 혼나는 동지이기도 했다. 아버지가 아카리를 심하게 혼내 거나 체벌을 가한 적은 한 번도 없었다. 아카리는 수기에서 '아빠는 내 가 쉬어 갈 수 있는 나뭇가지 같은 존재였다'라고 밝혔다.

아버지는 종종 방의 불을 끄는 것을 잊어버렸고, 밥을 먹을 때 쩝쩝 소리를 냈으며, 발음이 분명하지 않아서 말을 알아듣기가 어려웠다.

엄마는 "열심히 공부하지 않으면 너희 아빠처럼 이름만 쓰면 들어 갈 수 있는 대학에 가게 될 거야"라며 빈정거렸다.

하지만 아버지는 엄마처럼 아카리가 공부를 못한다고 구박하지 않 았고 언성을 높이는 일도 없었다. 아카리가 말한 것처럼 아버지는 아 카리의 유일한 피난처였다. 아버지와 함께 있을 때는 안 좋은 기억은 다 잊어버리고 마음 편히 놀 수 있었다.

하지만 그런 식으로 아버지가 주말에 아카리를 데리고 놀러 나가는 일도 아카리가 성장함에 따라 조금씩 줄어들었다.

아빠가 집을 나갔다

아카리가 초등학교 6학년에 올라간 그해 봄에 아버지가 따로 나가 살게 되었다. 아버지가 하는 건물 유지보수 업무는 문제가 생기면 밤낮없이 바로 출동해야 하기 때문에 업무의 편의를 위해 직장 가까이 있는 직원용 기숙사로 들어가게 된 것이다.

하지만 별거를 하게 된 이유는 그것 때문만은 아니었다. 오츠 지방법원에서 아카리의 공판이 열렸을 당시 아카리의 아버지는 검사의 질문에 다음과 같이 답했다.

별거를 시작한 시점은 1998년 봄이었다고요.

"네. 일 핑계를 대기는 했지만 사실 가장 큰 이유는 아내와 같이 있고 싶지 않았기 때문입니다. 아내는 절약 정신이 투철하고 잔소리가 심한 편이었습니다. 남편이 밤늦게까지 일하고 파김치가 되어 돌아왔는데도 고생했다는 말 한마디 없이 잔소리만 해대는 게 너무 싫었습니다."

증인의 학력이나 능력에 대해 비꼬기도 했나요?

"네, 그럴 때도 있었습니다. 심할 때는 1시간 넘게 저를 헐뜯기도 했습니다."

감정을 주체하지 못한다는 느낌이었나요?

"네, 맞습니다. 저로서도 감당이 안 될 정도로요."

한번 화를 내기 시작하면 쉽게 가라앉지 않았다는 거군요?

"거의 대부분 그랬던 것 같습니다."

부모님 사이가 좋지 않다는 건 아카리도 느끼고 있었다. 한번은 셋이서 집 근처에 새로 생긴 중국집에 간 적이 있었다.

타에코는 별것도 아닌 일로 남편에게 면박을 주었다.

엄마랑 나는 라멘 세트를 주문했고, 아빠는 고기야채볶음과 군만두와 볶음밥을 각각 단품으로 시켰다. 주문을 받으러 온 점원이 주방으로 사라지자 엄마가 작은 소리로 힐난했다.

"볶음밥이랑 군만두를 왜 따로 시켜? 돈 아깝게."

"둘 다 먹고 싶으니까."

"볶음밥 세트를 시키면 되잖아."

"세트로 시키면 군만두가 세 개밖에 안 나오잖아."

"세 개나 여섯 개나 그게 그거지. 세트가 훨씬 싼데 왜 그런 바보 같은 짓을 하는 거야?"

엄마 말대로 볶음밥과 군만두 여섯 개를 각각 단품으로 시키는 것보다 볶음밥에 군만두 세 개가 추가되는 세트를 주문하는 게 더 싸기는 했다. 잠시 후 주문한 음식이 나왔다.

"잘 먹겠습니다."

우리는 나온 음식들을 먹기 시작했다.

"보기 흉하니까 쩝쩝 소리 내면서 먹지 마."

엄마가 짜증 섞인 투로 말했다.

아빠와 나는 묵묵히 식사를 이어갔다.

부부는 사소한 일로 자주 말다툼을 벌였다. 정확히 말하자면 엄마가 일방적으로 아버지를 공격하는 쪽에 가까웠다.

밤에 아빠가 퇴근하고 와서 벨을 누르면 당시 초등학생이던 내가 나가서 현관문을 열어 드렸다.

"아빠, 안녕히 다녀오셨어요."

"그래, 들어가자."

아빠는 1층 거실로, 나는 2층 자습실로 향했다. 계단을 올라가는데 아래에서 엄마의 날 선 목소리가 들렸다.

"얘기 좀 해."

나는 계단에 웅크리고 앉아서 숨을 죽였다.

"오늘 아침에 방에 불 또 안 끄고 나갔더라?"

아빠는 종종 출근하기 전에 2층 자기 방 불 끄는 걸 잊어버리곤 했다.

"미안, 깜박했어."

"또 그 소리!"

내 귀에는 엄마의 신경질적인 목소리밖에 들리지 않았다. 아빠 목소리는 낮고 흐릿해서 가까이 있어도 잘 못 알아들을 때가 있었다.

"다음부터 조심할게."

"그래 놓고 또 잊어버리잖아! 전기세 아까우니까 제대로 좀 끄라고!"

"나 지금 일하고 와서 피곤하니까 너무 그렇게 몰아세우지 좀 마."

웬일로 아빠가 반격에 나섰다.

"일하고 와서 피곤해? 받아 오는 월급은 쥐꼬리만 한 주제에 생색은! 일은 자기만 해? 자기만 피곤하냐고! 나는 일하고 돌아와서 청소하고 빨래하고 밥까지 차려! 피곤한 건 피차일반 아닌가? 안 그래? 내가 지금 뭐 틀린 말 한 거 있어?"

아빠의 목소리는 더 이상 들리지 않았다. 나는 조용히 자리에서 일어났다.

타에코는 전기세, 가스비, 수도세 같은 공공요금을 절약하는 데 이상할 정도로 집착했다. 아버지가 전등을 켜 둔 채로 나가면 언제까지고 그 일을 가지고 잔소리를 해댔고, 수도 요금을 절약하기 위해 커다란 플라스틱 양동이에 물을 받아서 그 물로 빨래를 하고 변기 물을 내렸다. 물을 한 번에 콸콸 흘려보내지 않고 조금씩 졸졸 흘러나오게 하면 수도계량기 눈금이 돌아가지 않아서 요금을 아낄 수 있다는 것이 타에코의 주장이었다.

아버지는 금전 감각이 없는 사람은 아니었지만 아내만큼 신경질적으로 절약에 목을 매는 타입도 아니었고, 타에코는 그런 남편을 못 견뎌 했다. 두 사람 사이에 생긴 균열은 시간이 지남에 따라 점점 더 벌어져갔다. 별거는 아카리의 아버지가 참기 힘든 일상으로부터 도망치기 위해 어쩔 수 없이 내린 선택이었다.

엄마는 아버지의 모든 행동을 못마땅해했고, 아버지의 느린 말투를 경멸했다.

아버지가 따로 나가 살면서부터 엄마는 전보다 훨씬 홀가분해 보였다.

이제는 아버지의 식사를 따로 준비할 필요도 없었고, 2층에서 아버지가 걸어다니는 소리나 웅얼거리는 말소리를 들을 일도 없었으며, 아버지의 모든 체취와 기척이 완전히 사라져 버렸기 때문이다.

아카리네 집에서는 아카리가 아주 어릴 때부터 페키니즈를 길렀다. 아카리가 세 살이 되었을 때 말티즈가 추가되었고, 초등학교에 들어간 후에는 시베리안 허스키를 데려왔다. 아카리는 세 마리를 가족처럼 아끼고 사랑했다.

세 사람과 세 마리가 사는 집.

그로부터 얼마 지나지 않아 아카리네는 두 사람과 세 마리가 사는 집으로 바뀌었다.

4장

질책, 비난, 매도

미국 할머니

아카리의 엄마 타에코는 1959년 4월 10일 야마구치현 이와쿠니시에서 태어났다. 타에코를 낳은 여자의 이름은 타카코였다.

타카코는 당시 사귀던 남자와의 사이에서 타에코를 낳았고, 아이 이름은 자기가 좋아하는 여배우 이름을 따서 오드리라고 지었다. 아이는 두 살 때부터 여동생 부부에게 맡겨 키웠다. 오드리에서 타에코로 개명한 것은 성인이 된 후였다.

타카코는 타에코의 생부와는 결혼하지 않았고, 미국인 남성과 한 번 결혼했다가 이혼한 뒤 미 해군기지에서 군의관으로 일하던 미국인과 재혼해 1970년경에 남편과 함께 미국으로 건너갔다.

타에코는 고등학교를 졸업할 때까지 이와쿠니에 있는 이모 집에서 지냈다.

군사 도시 히로시마에서 남서쪽으로 약 40킬로미터 정도 떨어진 히로시마만의 요충지에 위치한 이와쿠니는 예로부터 일본의 대표적인 군사 기지 중 하나였다. 1937년에 중일전쟁이 발발하자 일본군은 이와쿠니시 중심부를 가로지르는 니시키가와강 입구 언저리의 삼각주를 사들여 항공 기지를 건설하기 시작했다. 이와쿠니 기지는 연료 및 물자를 운반하는 데 필요한 모든 조건을 갖추고 있었기 때문에 이곳을 중심으로 주변 일대에 커다란 공업 지대가 형성되었다.

하지만 제2차 세계대전이 끝나기 직전 연합군의 거센 공습을 받아 연료 창고가 흔적도 없이 사라져 버렸다.

1945년 8월 14일, 일본이 연합군의 포츠담 선언을 받아들여 무조건 항복하겠다는 의사를 밝힌 당일에도 미군은 일본에 대대적인 융단 폭격을 가했으나 어째서인지 이와쿠니 기지는 거의 피해를 입지 않았다.

전쟁이 끝나고 연합군이 일본을 점령하게 되자 이와쿠니 기지는 미육군이 주둔하는 기지로 사용되었다. 1961년 이후에는 베트남 전쟁의 출격 거점이 되어 많은 병사들이 이곳에 집결했다가 베트남으로 출정했고, 기지 주변에 특수를 노리는 음식점들이 들어섬에 따라 이국의 정취가 느껴지는 거리 풍경이 형성되었다. 이곳에는 현재도 미군이 주둔하고 있으며, 미국 본토 밖에 있는 해군 항공 기지로는 세계에서 가장 규모가 크다.

타에코는 이와쿠니 공업 고등학교를 졸업한 후 어머니가 살고 있는 미국으로 건너갔다.

그곳에서 어떻게 지냈는지는 알 수 없으나 아무튼 결과적으로는 미국에 정착하지 않고 몇 년 후 일본으로 다시 돌아왔다.

일본으로 돌아온 후에는 시가현 오츠에 있는 이모네 집에서 함께 살다가 이모의 소개로 중매결혼을 하게 되었고, 남편과의 사이에서 아카리를 낳았다.

타에코는 일본으로 돌아온 후에도 미국에 있는 어머니 타카코와 돈독한 관계를 유지했다. 타카코의 재혼 상대는 제대 후 미국에서 치과를 개업했고, 부부는 경제적으로 여유로운 삶을 살고 있었다. 그래서 타에코네가 집을 살 때 계약금을 대신 내주기도 하고 손녀인 아카리의 학비로 쓰라고 돈을 보내 주는 등 금전적으로 많은 지원을 해 주었다. 타에코와 아카리는 타카코를 '미국에 사는 할머니', 줄여서 '미국 할머니'라고 부르며 자주 연락을 주고받았다.

아카리는 초등학교 4학년 여름방학 때 혼자서 미국 여행을 갔다. 미국 할머니네 집에서 지내면서 음식, 패션, 주거 환경 등 일본과는 전혀 다른 미국의 문화에 강한 인상을 받았다.

미국 할머니는 아카리를 쇼핑몰과 놀이공원에 데려갔고, 예쁜 옷과 맛있는 음식을 잔뜩 사 주었다.

아카리는 미국에서 돌아온 후 방학 숙제로 '작은 공주님의 여행기'라는 글을 제출해서 선생님께 칭찬을 들었다. 하지만 사실 그 여행기는 엄마가 쓴 글에 아카리가 그림을 그리고 사진을 붙여서 완성한 것이었다.

아카리는 외할머니가 사 준 미제 아동복을 입고 학교에 갔다.

엄마인 타에코가 좋아하는 디즈니 캐릭터가 그려진 옷은 당시로서는 쉽게 볼 수 없는 것이었고, 이로 인해 아카리와 친구들 사이에는 미묘한 균열이 가기 시작했다.

아카리에게는 같은 어린이집을 나와 같은 초등학교에 다니는 A라는 친구가 있었다. 두 사람은 매일 등하교를 함께 하고 디즈니랜드에도 함께 놀러갈 정도로 친한 사이였지만 그런 A도 아카리의 복장에 대해서는 위화감을 느꼈다. 한번은 둘이서 외발 자전거를 타고 놀다가 길가에 앉아 쉬고 있을 때 A가 아카리에게 이렇게 물은 적이 있었다.

"아카리 넌 맨날 위아래 다 미키 마우스만 입네."

"응."

"좋아해?"

"응, 뭐…."

"흐응."

이번 사건으로 A도 경찰에서 참고인 조사를 받고 진술 조서를 작성했다. A는 '초등학교 때 아카리는 뚱뚱한 데다가 늘 위아래 다 미키 마우스가 그려진 촌스러운 옷을 입었기 때문에 함께 다니는 게 창피했다'라고 진술했다.

아카리는 친구가 별로 없었다. 방학식 날 이제 실컷 놀 수 있다고 좋아하는 같은 반 아이들을 보면 기분이 우울해졌다. 일요일 밤이나 새 학기가 시작되기 전날 밤에 침대에 누워 내일부터 학교에 간다고 생각하면 오히려 마음이 놓였다.

바느질이 취미인 타에코는 아카리가 학교에서 사용하는 물건을 대부분 직접 만들었다. 초등학교 때는 방석 커버라든지 체육복 가방 등을 만들어 주었고, 중학교 때는 물병 주머니와 도시락 주머니를 매일 다른 모양으로 가져갈 수 있도록 다섯 개씩 만들어 주었다. 타에코에게는 내 딸은 다른 아이들과 다르다는 걸 과시하고 싶어 하는 측면이 있었고, 같은 반 친구들에게 주머니가 예쁘다는 말을 들으면 아카리도 어깨가 으쓱했다.

미술 가방도 모두가 사용하는 칙칙한 분홍색 가방 대신 엄마가 만들어 준 빨간색 천에 하얀색 손잡이와 헬로 키티 장식이 달린 가방을 들고 다녔다.

가정 시간에 사용하는 재봉용 가위는 학교에서 지정한 두 종류 중더 비싸고 세련된 회색 가위를 골랐다. 회색 가위를 쓰는 사람은 전교에서 두세 명 정도밖에 없었다.

타에코는 공장 아르바이트를 그만두고부터는 일을 하지 않았지만모녀가 생활하는 데에는 부족함이 없었다.

집안의 모든 통장과 카드는 타에코가 관리했고, 매달 25일에 남편의 월급이 들어오면 남편에게 생활비 3만 엔을 건네고 나머지는 모녀가 사용했다.

아카리가 초등학교 6학년 때부터 따로 나가 살기 시작한 아버지는 월말이 되면 집으로 찾아와서 대문 밖에서 아카리에게 돈을 받아갔다.

회사에서 제공하는 기숙사는 월세나 공공요금을 낼 필요가 없었기 때문에 아버지는 월 3만 엔으로 생활이 가능했다. 생활비를 전달하는 날은 사전에 문자로 정한 시간에 맞춰 대문 밖에서 만나 짧은 대화를 주고받았다. 아주 가끔은 엄마가 아버지에게 음식을 만들어 줄 때도 있었지만 직접 만나서 전한 적은 한 번도 없었다. 음식은 아버지가 오기 전에 자전거 앞바구니에 미리 넣어 두고 알아서 가져가게 했다.

아카리가 초등학교 6학년이 되어 중학교 진학을 앞두게 되자 타에코의 자존심은 노골적인 형태로 드러나기 시작했다.

타에코는 아카리를 예전부터 자신이 바보 학교라고 욕하던 공립 중학교에 보낼 생각은 전혀 없었고 국립이나 사립 명문 중학교에 보내고 싶어 했다. 국립대인 시가대학 교육학부 부속 중학교에 들어가 현립 명문 고등학교로 진학하는 것이 가장 엘리트 코스라고 아카리에게 누누이 강조했다.

아카리도 엄마의 선민의식에 많은 영향을 받았다.

이웃에 사는 아이들처럼 헬멧에 체육복 차림으로 자전거를 타고 공립 중학교에 다니는 건 꼴불견이라고 생각했다.

당시 시가현에서 입학시험을 보는 중학교는 공립과 사립을 다 합쳐서 여섯 군데가 있었고, 아카리는 이 중 몇 군데를 골라 입학시험을 치렀다.

1지망이었던 부속 중학교는 1차 시험에는 합격했지만 경쟁률 2 대 1 정도인 추첨에서 아쉽게도 떨어지는 바람에 2지망인 가톨릭계 사립 중학교에 들어가게 되었다. 이곳은 설립된 지 10년 정도밖에 되지 않은 비교적 젊은 학교였다.

학비가 비싼 사립 중학교에 진학하는 것과 관련해서 모녀 사이에는 이런 대화가 오갔다.

"네가 열심히 공부하겠다고만 하면 엄마가 할머니한테 부탁해 볼게."

"응, 나 열심히 할 거야."

미국 할머니는 학비를 지원해 주는 것은 물론이고 손녀의 중학교 입학을 축하한다며 큰돈을 보내 주었다. 미국 할머니의 여동생인 작은할머니도 거액의 축하금을 보내왔다.

아카리의 친할머니도 평균적인 수준의 축하금을 보내왔지만 외가에 비하면 턱없이 적은 금액이었기 때문에 타에코는 인정머리가 없다며 시어머니를 욕했다. 그 모습을 보며 아카리도 '친할머니는 매정한 사람이구나' 하고 생각했다.

끓는 물을 뒤집어쓰다

아카리가 들어간 사립 중학교에서는 학생들의 진로 지도에 힘을 기울이는 동시에 방과 후 수업이라든지 영어 합숙 등 다양한 프로그램을 운영하고 있었기 때문에 그전까지 다니던 입시 학원은 그만두게 되었다.

아카리는 중학교 때 글짓기 대회에서 상을 받은 적이 있었다. 하지만 사실은 엄마가 쓴 글을 아카리가 그대로 옮겨 적어서 제출한 것이었다.

글짓기뿐만이 아니었다.

아카리가 어렸을 때부터 외할머니나 작은할머니에게 보내는 편지,

아버지에게 보내는 문자, 학교에 제출하는 글짓기 숙제나 독후감 등은 거의 다 엄마인 타에코가 쓴 다음 마지막에 아카리의 이름을 적어서 제출했다. 자기 딸이 이렇게 글도 잘 쓰고 어른스럽다는 사실을 모두에게 보여 주기 위해서였다. 엄마가 아카리 대신 글을 써 주는 것은 아카리네 집에서는 지극히 당연한 일이었다.

초등학교 때 아카리는 성적이 우수한 편이었고 스스로도 공부에 강한 자신감을 갖고 있었다. 하지만 중학교에 들어가 수업 내용이 어려워지면서 성적이 조금씩 떨어지기 시작했다. 그중에서도 특히 어려워한 과목은 영어와 화학과 수학이었다.

시험에서 낮은 점수를 받으면 집에 와서 '벌'을 받았다. 법을 어긴 사람을 형벌에 처하듯 타에코에게 있어서 안 좋은 성적을 받는다는 것은 곧 '죄'에 해당했다.

타에코가 초등학생이던 아카리를 식칼로 공격해서 다치게 한 일에 대해서는 앞에서 이미 설명한 바 있다. 그와 비슷한 느낌으로 타에코는 중학교 때도 아카리에게 상식을 벗어난 수준의 체벌을 가한 적이 있었다.

중학교 2학년이 된 나는 잔꾀가 늘었다. 언젠가 시험에서 안 좋은 성적을 받았을 때, 담임 선생님이 손으로 쓴 성적표를 엄마에게 보여 주기 전에 내가 숫자를 고쳐 적은 적이 있었다. 서툰 위조는 금방 들통이 났고 엄마는 불같이 화를 냈다.

겨울이었고, 거실에서는 석유 난로로 난방을 하고 있었다. 난로 위에 놓인 물 주전자에서 김이 뿜어져 나왔다. 엄마는 주전자의 끓는 물을 컵에 따라서 거실에 무릎 꿇고 앉아 있던 내 허벅지 위에 그대로 끼얹었다.

"악!" 너무 놀라고 아파서 비명을 내질렀다. 끓는 물에 닿은 피부가 흐물거리며 벗겨졌다.

"다음 시험에서 반드시 만회하도록 해. …병원에 데려가 줄 테니까 의사 선생님한테는 공부하다가 실수로 뜨거운 차를 쏟았다고 말해."

엄마의 차가운 목소리가 미칠 듯한 고통과 공포로 신음하는 내 귀에 날아와 박혔다.

시험 성적표는 교사가 직접 손으로 숫자를 적어 넣게 되어 있었다. 아카리는 집에 오는 길에 있는 편의점에서 성적표를 복사한 후 숫자가 적힌 부분을 수정해서 엄마에게 보여 주었지만 엄마는 아카리의 얕은꾀에 넘어갈 정도로 호락호락하지 않았고 결국 크게 화가 난 엄마에게 심한 벌을 받게 된 것이다.

엄마가 화를 낼 때는 질책, 매도, 명령, 반복, 협박 등 몇 가지 패턴이 존재했다. 엄마의 성난 목소리가 폭풍우처럼 휘몰아치는 동안 아카리는 그 자리에 얼어붙은 채 꼼짝도 할 수 없었다.

• 질책
"이걸 성적이라고 받아 왔어?"
"이걸 왜 몰라?"
"공부를 제대로 했는데 성적이 안 좋을 수가 있어? 그래 놓고 정말로 노력했다고 말할 수 있겠어?"

• 매도
"거짓말쟁이.""바보, 멍청이.""돼지 같은 게.""못 생긴 게."

• 명령

"변명하지 마!" "거짓말하지 마!" "자지 마!" "공부해!" "진심으로 잘못했다고 빌어!" "이 집에서 당장 나가!" "학교 때려치워!"
(집에서 나가라거나 학교를 그만두라는 말에 아카리가 그러겠다고 대답하면 엄마는 더 화를 내기 때문에 엄마의 화가 풀릴 때까지 제발 집에 있게 해 달라고, 제발 학교에 다니게 해 달라고 싹싹 비는 수밖에 없었다.)

· 반복
"넌 항상 그런 식이야."
"전에도 그렇게 말했으면서 하나도 달라진 게 없잖아."
"넌 어렸을 때(초등학교 때, 중학교 때)부터….'

· 협박
"너 이러다가 나중에 너희 아빠처럼 된다."
"이 성적으로는 바보 학교밖에 못 가."
"부속 고등학교는 꿈도 못 꿔."
"다음에도 또 이런 식이면 집에서 쫓겨날 줄 알아."
"제대로 된 성적을 못 받아 오면 학교고 뭐고 다 때려치우게 할 거야."

· 부정
"너를 낳는 게 아니었는데."
"너 같은 거 콱 죽어 버렸으면 좋겠어."
"저리 꺼져."
"너 정말 엄마 딸 맞니?"
"반성하는 기미가 전혀 안 보이잖아."

· 기타

"나는 나, 남은 남. 남이 뭘 하든 너랑은 상관없어. 애초에 각자 목표로 하는 바가 다르니까."

"엄마는 널 위해서 일하고 있는 거야."

"너희 외할머니는 널 위해서 돈을 보내 주시는 거야."

아카리는 언젠가 학교에서 친구에게 이 이야기를 털어놓은 적이 있었다.

"엄마가 엄청 화나서 내 허벅지에 끓는 물을 부었어."

"진짜?"

"너무 아파서 기절하는 줄 알았잖아. 피부가 녹아내리는 걸 보고 무서워서 엉엉 울었어."

친구는 할 말을 잃었다.

"그런데 엄마가 의사 선생님한테는 차를 엎질렀다고 말하라고 해서…."

아카리와 엄마의 관계는 일반인의 상상을 초월하는 수준이었기 때문에 전혀 공감을 얻지 못했다.

앞서 2장에서 아카리가 '너무 솔직하게 다 털어놓는 바람에 친구를 잃은 적이 있었고, 대학에서는 같은 실수를 반복하고 싶지 않았다'라고 한 것은 이때의 일을 가리키는 것이다.

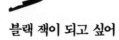

블랙 잭이 되고 싶어

이후 아카리는 의대 진학을 목표로 9년 동안 재수를 하게 된다. 아카리가 의사를 되겠다고 결심하는 데 결정적인 계기를 제공한 사람은 현실 세계가 아니라 만화책 속에 존재했다. 바로 일본 만화가 데즈카 오사무가 만들어 낸 무면허 천재 외과의 '블랙 잭'이다.

『블랙 잭』을 처음 만난 것은 초등학교 도서관에서였다.

당시 초등학교 5학년이었던 나는 검은 망토를 두른 천재 외과의에게 한눈에 반해버렸다.

나도 이렇게 멋진 의사가 되고 싶어!

한번은 미술 시간에 각자의 장래희망을 그려서 커다란 종이 섬에 붙이는 활동을 한 적이 있었다. 나는 흰색 가운을 입고 청진기를 들고 있는 도도한 여의사를 그렸다.

초등학교 저학년 때 엄마가 사 준 아동용 인체 도감을 흥미롭게 읽었던 나는 장차 외과의가 되면 인간의 몸속을 구석구석 살펴보고 정말로 도감에 나온 대로인지 확인할 수 있을 거라는 생각에 가슴이 두근거렸다.

초등학교 졸업 문집에는 만화책을 몇 번이고 반복해서 읽으며 머릿속에 새겨 넣은 수술 장면을 묘사한 글을 실었다.

메스, 겸자, 무영등….

그 시절의 순진했던 나는 장차 자신이 멋진 의사가 될 수 있을 거라고 믿어 의심치 않았다.

『블랙 잭』으로 만화의 재미를 알게 된 아카리는 같은 반 친구들과 만화책을 돌려 가며 읽기 시작했다.

하굣길에 아카리가 만화책을 보며 걷는 모습을 본 이웃이 엄마에게 전하는 바람에 길에서 꼴사납게 뭐 하는 짓이냐고 된통 혼이 났다. 평소 책이나 잡지는 한 달에 한두 권 정도 읽는 편이었지만 만화책은 하루도 빠짐없이 읽었다. 엄마 몰래 숨어서 읽었지만 대부분은 나중에 들켜서 혼이 났다.

초등학교 고학년 때 국어 시간에 창작 글쓰기를 한 적이 있었다. 각자가 그림을 보고 이야기를 만드는 것이었다. 다른 아이들은 수업 끝나는 종이 울리자 바로 연필을 내려놓았지만 아카리는 이야기를 만들어 내는 것이 너무 재미있어서 도저히 멈출 수가 없었다.

밤이 되면 침대에 누워서 눈을 감고 상상의 나래를 펼쳤다.

언젠가 본 애니메이션, 영화, 드라마, 소설, 동화, 만화의 스토리가 뒤죽박죽으로 섞인 상상 속 세계를 자유롭게 여행하다 보면 어느샌가 잠이 들었다.

중학생이 되어서는 친구 몇 명과 함께 노트 한 권을 가지고 돌려 가며 글을 썼다. 자기가 쓴 이야기를 친구들에게 보여 주고 서로가 쓴 이야기를 읽는 것이 더할 나위 없이 즐거웠다.

직접 필명도 만들었다.

아카리라는 이름은 여성스럽고 부드러운 느낌이니 필명은 좀 더 딱딱하고 날카로운 느낌을 주고 싶었다. 등하교 중에, 쉬는 시간에, 밤에 자려고 누워서도 어떤 이름이 좋을지 계속 생각했다.

"아카리, **가 누구니?"

학교에서 돌아오자 엄마가 내게 물었다. 너무 놀라고 창피해서 말이 나오지 않았다.

엄마는 종종 불시에 내 방을 검사하곤 했다. 제대로 공부하고 있는지 확인하기 위해서였다. 가방 속까지 샅샅이 다 뒤질 때도 있었다.

필명 후보들을 적은 종이는 접어서 책 사이에 안 보이게 잘 숨겨 뒀는데.

"여기 적힌 게 다 뭐야?"

들켜 버렸다.

"어…."

"하라는 공부는 안 하고 뭐 하는 거니? 한자 공부하는 거야? 사람 이름 같기는 한데 친구 이름은 아닌 것 같고…."

심장을 마구 짓밟히는 기분이었다. "**라는 이름을 잔뜩 적어놨네? 뭔가 연예인 사인처럼 멋들어지게…. 대체 뭔데? 빨리 말해."

소설가가 자기 책 표지에 사인하는 걸 따라 한 것이었다. 창피했다.

"…필명."

기어들어가는 목소리로 겨우 대답했다.

"뭐 필명? 그런 거 지어서 뭐 하게? 소설가라도 되려고? 너한테 재능이 없다는 건 ** 같은 촌스러운 필명만 봐도 알겠다. 포기해. 이런 바보 같은 짓 할 시간이 있으면 그 시간에 영어 단어 하나라도 더 외우도록 해. 정말이지 틈만 나면 이런 쓸데없는 짓이나 하고 있으니 어디 엄마가 널 믿고 내버려 둘 수 있겠니? 어디서 헛바람이 들어서는."

엄마는 종이를 구겨서 쓰레기통에 버렸다.

"** 씨, 이제 공부하세요."

엄마는 그 후로 며칠 동안 나를 **라고 부르며 바보 취급했다.

5장

의대를 목표로

남들 위에 서는 직업

고등학교 1학년 여름방학 때 아카리는 근처 공고에 다니는 남학생과 둘이서 비와코 호수에 불꽃놀이를 보러 갔다. 비와코 호수에서는 매년 8월이면 약 1만 발의 불꽃이 밤하늘을 수놓는 대규모 축제가 열렸다. 간사이 지역을 중심으로 전국에서 이 불꽃놀이를 보러 오는 사람이 30만 명이 넘었고, 그중에는 고등학생이나 대학생 커플도 많았다.

아카리로서는 잊을 수 없는 로맨틱한 경험이었지만 이 일 역시 나중에 엄마한테 들켜서 난리가 났다.

엄마가 문제로 삼은 것은 데이트를 했다는 사실 그 자체가 아니었다. 상대가 공고생이라는 점이 엄마의 역린을 건드린 것이다.

"공고생 따위가 어디 감히 주제도 모르고!"

장차 의사가 될 딸에게는 어울리지 않는 상대라고 본 것이다.

이후 타에코는 이해하기 어려운 행동에 나선다. 핸드폰 문자로 아카리의 친구인 척하며 상대 남학생에게 연락을 취한 것이다. 몇 번인가 문자를 주고받으며 거리를 좁혀나간 후 어느 정도 편하게 대화를 나누게 되자 아카리를 왜 찼냐고 따졌다. 엄마는 아카리의 핸드폰을 보고 불꽃놀이 데이트 후 얼마 지나지 않아 아카리가 차였다는 사실을 알고 있었다.

아카리 친구로 위장한 엄마에게 '아카리가 많이 힘들어한다'라는 말을 들은 남학생은 며칠 후 아카리에게 사과 문자를 보냈다. 모든 것은 자기 딸이 공고생에게 차였다는 사실을 도저히 받아들일 수 없었던 엄마가 자존심을 지키기 위해 벌인 일이었다.

"나는 의사가 되고 싶어."

처음에 의사가 되겠다고 말한 사람은 아카리 본인이었다. 하지만 의대 입학은 모녀가 생각했던 것보다 훨씬 더 쉽지 않은 일이었다.

중학교에 들어간 후 아카리의 성적이 생각처럼 오르지 않자 조바심이 난 타에코는 딸을 점점 더 압박하기 시작했다. 아카리가 초등학생일 때부터 "이렇게 쉬운 문제도 못 풀면 의사가 될 수 없어", "의사가 되려면 일단 무조건 부속 중학교에 들어가야만 해"라고 입버릇처럼 말했던 타에코는 늘 서점에서 제일 어려운 고난도 문제집을 사 와서 아카리에게 풀게 했다. 아카리가 학교 시험과는 비교도 되지 않을 정도로 어려운 문제에 매달려 끙끙대는 동안 타에코는 옆에서 학부모용 매뉴얼을 보며 고등학교 입시 전략을 짰다. 아카리를 의사로 만들려면 어느 대학에 보내야 하고, 그러기 위해서는 어느 고등학교에 보내는 것이 좋을지 끊임없이 고민하고 검토했다. 마침내 타에코는 같은 지역에 있는 국립대 의대로 범위를 좁혔다.

"엄마는 누구보다 아카리 너를 잘 알아. 너는 누구 밑에서 일하거나 누구랑 함께 일할 수 있는 성격이 아니야. 그러니까 남들 위에 서는 직업을 가져야 해. 의사는 너도 알다시피 모든 사람의 존경을 받는 직업이잖니. 넌 그런 일을 해야 해. 너 누가 너한테 뭐 하라고 시키는 게 좋아? 싫어하는 사람이랑 같이 일하고 싶어?"

"아니…."

"그럼 남들보다 열심히 공부해서 좋은 성적을 받아야겠지?"

"응."

"아카리 너도 미국에 계신 할아버지처럼 훌륭한 의사 선생님이 되고 싶은 거잖아, 그렇지? 그래서 굳이 사립 중학교에 가겠다고 한 거잖아. 네가 의사가 되고 싶다고, 열심히 공부하겠다고 하니까 엄마도 미국 할머니한테 돈 보내 달라고 부탁도 하고 차로 등하교도 시켜주면서 네 뒷바라지를 하고 있는 거고."

"응."

아카리는 처음에 의사가 되겠다는 말을 꺼낸 사람은 자기라고 했지만 아카리가 그런 생각을 갖게 된 데에는 엄마의 영향력이 크게 작용했을 가능성이 높다. 실제로 타에코는 아카리에게 "너를 낳았을 때부터 이미 널 의사로 만들 생각이었다"라고 말한 적이 있었다.

게다가 타에코는 그냥 의대가 아니라 '집에서 통학 가능한 거리에 있는 국공립 의대'라는 조건을 내걸었다.

필연적으로 1지망은 국립대인 시가대학교 의과대학 의학부 의학과로 정해졌다. 시가대 의대는 학력 편차치* 65가 넘는 최상위권 대학이었다.

시가대 의대에 가려면 우선 1차 센터시험**에서 국어, 영어(외국어), 수학ⅠA, 수학ⅡB, 생물·화학·물리 중 두 과목, 지리역사(지리·일본사·세계사)와 공민 중 한 과목 등 총 다섯 교과 일곱 과목을 응시해야 했고, 만점은 합계 600점이었다.

2차 시험 과목은 수학, 이과(물리, 생물, 화학)에서 두 과목, 영어(외국어)로 구성되어 있었다. 이과 계열 과목은 물론이고 지리, 공민 등 문과 계열 과목까지 포함되어 있어서 범위가 넓을 뿐만 아니라 공부해야 하는 양도 굉장히 많았다.

시가대 의대 일반전형 합격자 수는 매년 65~80명 정도로 매우 소수였으며, 경쟁률은 6 대 1에 달했다.

---

*   학력 편차치(T-score): 전체 평균을 50이라고 했을 때 해당 학생/학교가 전체에서 어느 위치에 해당하는지를 나타낸 숫자. 숫자가 클수록 우수하다는 뜻이며 도쿄대나 교토대 등 일본 최고 명문대의 편차치가 보통 75 전후이다.
**   대학입시센터시험의 줄임말로 한국의 대학수학능력시험에 해당

초등학생 때부터 '의사 선생님이 되려면'이라는 말을 귀에 못이 박히도록 들으며 자랐기 때문에 고등학교 입시를 앞두고 '목표는 시가대 의대'라는 말을 들었을 때도 '아, 나는 시가대 의대에 가게 되는 건가' 하고 생각했을 뿐이었다. '의사 선생님'이라는 추상적인 표현이 '의대'라는 구체적인 표현으로 바뀌었을 뿐 큰 차이는 없었다.

엄마는 이미 내가 초등학생일 때부터 시험에서 좋은 성적을 받아 올 것을 요구했기 때문에 '의대 입학'이라는 말을 들어도 그저 열심히 해야겠다는 생각밖에 안 들었다.

의대에 가려면 머리가 좋아야 하는데 성적표를 위조할 생각이나 하는 인간이 과연 의대에 갈 수 있을지, 스스로에게 그 정도로 강한 의지가 있는지는 한 번도 고민해 보지 않았다.

내가 생각하는 의사는 초등학교 5학년 때 만화책에서 본 '천재 외과의 블랙잭' 그 이상도 그 이하도 아니었다. 의사라는 직업에 대해 엄마와 보다 구체적인 이야기를 나눈 적도 없었다.

중고등학교 때는 외과의를 밀착 취재한 TV 다큐멘터리 프로그램을 즐겨 봤다. 만화책에서만 보던 세계가 실제 눈앞에 펼쳐지는 것을 보니 가슴이 두근거렸다. 화면 속에서 의사가 수술복을 입고 메스를 휘두르는 모습이 너무나도 멋있어 보였다.

또 의대 진학을 목표로 공부하는 과정에서 '의사 = 최상위권 대학에 합격한 승자'라는 공식이 자연스럽게 머릿속에 자리 잡게 됨에 따라 대학 입시의 최종 승자라는 의미에서도 의사는 내게 무한한 동경의 대상이 되었다.

좁은 문, 높은 허들

아카리가 의대를 지망하게 된 것은 '블랙 잭처럼 멋진 외과의가 되고 싶다'라는 순진한 마음에서였다. 어린 딸의 생각에 엄마가 자신의 욕망을 투영하면서 모녀는 돌아올 수 없는 길을 떠나게 된 것이다.

'딸을 의대에 보내겠다'라는 것은 타에코의 모든 사고와 행동을 지배하는 절대적인 명제였고, 그 욕심은 해를 거듭할수록 점점 더 강해져 급기야 자기 자신까지 얽어매게 되었다.

일본에서는 거품 경제가 붕괴한 1990년대 이후 의대 인기가 급격히 치솟았다. 입시 학원에서 발표하는 학교별 편차치 조사에 따르면 국공립 대학교 의과대학 편차치는 90년대 들어 평균 5 이상 상승했으며, 대다수 국공립 의대의 편차치가 이공계 학부의 최고봉인 도쿄대 공대와 비슷한 수준까지 올랐다.

거품 경제 붕괴 이후 일본 경제는 '잃어버린 30년'이라고 불리는 장기 불황에 빠지게 된다. 일본을 대표하는 대기업들의 기업 실적이 악화되고 임금이 삭감되는 가운데 불황의 여파가 크지 않고 평생 안정적인 고수입이 보장되는 직업으로 의사가 급부상하면서 편차치가 크게 오른 것이다.

이보다 앞서 1970년대에는 늘어나는 인구에 대응하기 위해 일본 전국 각지에 국공립 의대가 신설되었다.

정부에서는 지역 의료 강화를 위해 '광역자치단체별 의대 설립', '인구 10만 명당 의사 150명 확보'라는 목표를 내걸었지만, 의사 수를 늘리고 싶지 않아 하는 일본의사회의 강한 반대로 인해 국공립대과 사립대 모두 의대 신설을 멈추고 정원을 동결하게 되었다.

1979년 류큐대학교에 의학부가 개설된 후 2016년 도호쿠의과약과

대학에 의학부가 만들어질 때까지 무려 37년 동안 의대 신설은 완전히 중단된 상태였다. 그동안 앞서 말한 이유로 의대를 지망하는 학생은 크게 늘었지만 의대 정원은 거의 변함이 없었기 때문에 의대 입학 경쟁률은 계속해서 높아져만 갔다.

현재도 의대 입학을 준비하는 입시 학원 수강생 중에는 재수, 삼수, 사수를 하는 학생이 적지 않다. 최근 발표된 자료에 따르면 현역으로 의대에 합격하는 경우는 전체의 35%에 불과하며, 의대 입학생 세 명 중 두 명은 재수를 경험한 적이 있다고 한다. 삼수 이상이라고 답한 학생도 18.7%에 달했다. 중간에 의대 진학을 포기하고 진로를 바꾼 학생도 많을 테니 현역으로 의대에 합격하는 것이 얼마나 어려운 일인지 알 수 있다.

아카리가 1지망으로 삼은 시가대 의대는 1974년에 의학과 단과대학으로 설립되었고 1994년에 간호학과가 병설되었다. 전국 의대 중에서는 중간 정도 난이도이지만 그렇다고 해서 결코 들어가기 쉬운 학교는 아니다. 학생 구성을 살펴보면 교토, 오사카, 시가 등 인근 지역 출신이 절반 이상을 차지한다.

모녀는 '국립대 의대 입학'이라는 너무나도 높은 목표를 향해 고독한 싸움을 시작했다. 타에코는 아카리에게 각종 참고서와 문제집, 통신 교육 교재 등을 잔뜩 사다 주었다.

당시 아카리의 성적은 전교에서 중상위권 정도였다고 한다. 중학교 입시 때 엄마한테 산수를 못한다고 혼났던 기억 때문에 아카리는 중학교에 들어간 후에도 수학을 싫어했다. 생물은 좋아했지만 성적은 좋지 않았다. 물리나 화학도 잘하는 편은 아니었다. 선생님과 친구들에게 의대를 목표로 하고 있다는 이야기를 한 적은 있지만 진지하게 고민을 털어놓는다거나 상담을 요청한 적은 없었다. 아카리가 생각하기에 의대 진학은 다른 사람의 의견이 개입될 여지가 전혀 없는 문제였고, 주위에서는 아카리가 진심일 거라고 생각하지 않았다.

성적 문제로 엄마한테 너무 시달린 나머지 학교 시험에서 커닝을 한 적도 있었는데 결국 선생님한테 들켜서 근신 처분을 받았다.

고등학교 때 국어 선생님은 법정에서 다음과 같이 증언했다.

"학년 주임이 문제가 있는 학생들 리스트를 만들어서 돌리는데 거기에 아카리 이름도 들어 있었습니다. 아카리 본인도 재미가 없거나 관심이 없는 과목은 수업을 제대로 듣지 않고 책상에 엎드려 잔다고 했습니다."

의대 입시를 의식하기 시작한 중학교 2학년 때부터는 엄마의 지시로 집에서 공부하는 장소를 2층에서 1층으로 옮겼다. 타에코는 주로 1층 거실에서 지내는 시간이 많았기 때문에 아카리를 자기 눈이 닿는 곳에 두고 제대로 공부하는지 감시하기 위함이었다.

전처럼 도쿄 디즈니랜드로 1박 2일 여행을 가는 일은 없어졌고, 밖으로 놀러 나가는 일 자체가 줄어들었다.

"의대에 가려면 남들 놀 때 열심히 공부해야지."

등 뒤에서 들려오는 엄마의 말을 들으며 아카리는 하루에 몇 시간씩 책상 앞에 앉아서 책과 씨름했다.

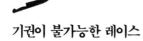

기권이 불가능한 레이스

의대 입학이 얼마나 어려운 일인지 아카리도 조금씩 깨닫기 시작했다. 1지망인 시가대 의대에는 의학과 외에 간호학과도 존재한다. 이쪽이 좀 더 현실적인 선택지가 아닐까 하는 생각도 들었다.

'의사 선생님'에서 '의대'로의 변화는 단순히 표현만 달라진 것이 아니라 보다 엄밀하고 구체적인 수치를 요구받게 된다는 의미였다. 내가 그 사실을 깨달은 것은 고등학교에 들어간 후였다.

모의고사에서 내가 지망하는 학교의 합격 커트라인에 가까운 편차치를 받아야 했고, 전체 수험생 중에서 상위권에 들어야 했으며, 자신 없는 이과 과목에서 높은 점수를 받아야 했고, 지난번 시험보다 성적이 떨어지는 일이 있어서는 안 됐다.

엄마는 사전처럼 두꺼운 대학 입시 자료집을 뒤적이며 페이지마다 가득 들어찬 깨알같이 작은 숫자들을 샅샅이 살펴보았다. 매번 시험을 볼 때마다 1지망에서 6지망까지의 커트라인과 내가 받아 온 성적을 비교해서 그 결과에 일희일비하며(기뻐한 적은 거의 없고 슬퍼한 적은 많았다) 나를 격려하고 혼냈다(격려하는 일은 거의 없고 대부분 혼을 냈다).

이윽고 '의사'는 '엄마와 내가 달성해야만 하는 단 하나의 목표'가 되었고, 나는 그 목표가 이루어지기만을, 그러니까 하루빨리 입시가 끝나기만을 바라게 되었다. 나는 초등학교 입시를 치렀고, 중학교 입시를 치렀으며, 고등학교는 중학교에서 자동으로 올라갔지만 또다시 대학교 입시를 앞두고 있었다. 입시, 입시, 입시…. 하루라도 좋으니 성적이나 엄마의 기분에 연연하지 않고 살아 보고 싶었다.

시가대학교 의과대학에는 간호학과도 있었다. 하지만 엄마는 내가 간호학과에 가는 것을 결코 허락하지 않았다.

"간호사가 될 거면 대학은 갈 필요도 없어. 전문대로도 충분하니까. 무엇보다 네가 의대에 가지 않는다면 등록금은 한 푼도 못 대줄 줄 알아."

엄마의 고등학교 동창인 N 아줌마는 고등학교 졸업 후 바로 간호 학교에 들어가 준간호사를 거쳐 정간호사가 되었다. 두 사람 사이에는 내가 고등학교를 졸업할 때까지 교류가 있었다. N 아줌마는 결혼도 출산도 하지 않고 줄곧 암센터라든지 대학 병원에서 수술실 간호사로 일했다.

엄마가 정의하는 '행복'은 다른 사람들이 생각하는 행복보다 훨씬 더 범위가 한정적이었다. 열심히 일해서 고객을 만족시키는 것. 음악을 연주하거나 그림을 그리는 것. 좋아하는 영화나 드라마의 세계관에 잠기는 것. 맛있는 음식을 먹는 것. 건강하게 사는 것. 이런 것도 다 행복이다. 게다가 여성에게 결혼이나 출산은 필수가 아니라 수많은 선택지 중 하나가 된 지 오래다.

하지만 엄마의 생각은 달랐다.

"N은 엄마랑 달리 머리가 나빠서 간호 학교밖에 갈 수가 없었고 간호사 국가시험도 몇 번이나 떨어졌어."

"신입 때는 노인네들 기저귀 갈고 대소변 처리하는 일만 시켜서 죽는 줄 알았대. 그게 싫어서 인기 없는 수술실로 자원해서 간 거라더라."

"N이 큰 병원에서 일하는 건 사실이지만… 솔직히 결혼이나 육아 같은 여자의 행복을 희생해 가면서까지 할 일은 아니라고 본다."

"의사가 이것저것 시켜서 힘들대. 아카리 네 성격에 간호사는 무리야."

그러니까 의사가 되어야만 해.

어느 정도 수긍이 가는 부분도 있었지만 그보다는 공감할 수 없는 부분이 더 많았다. 아카리는 엄마의 말을 들으며 숨이 막힐 듯한 답답함을 느꼈다.

어쨌거나 결국에는 죽어라 공부해서 좋은 성적을 받아 의대에 가는 수밖에 없었다.

그것이 아카리에게 주어진 유일한 선택지였다.

6장

우리 딸은 합격했습니다

신기루

"솔직히 말씀드려서 아카리가 지금 성적으로 의대에 합격할 가능성은 매우 낮습니다. 지망하는 학교나 학과를 바꾸는 걸 추천드립니다."

학부모 삼자 면담에서 담임 선생님이 아카리의 모의고사 성적을 보며 말을 꺼냈다.

"여기 좀 보세요. 간호학과는 A 판정을 받았으니 여기라면 100% 현역으로 합격 가능합니다."

"하지만 선생님, 저희 딸은….."

"무엇보다 아카리는,"

아카리는 입을 꾹 다문 채 담임 선생님을 가만히 노려보았다. 면담이 끝난 후 엄마한테 무슨 말을 들을지 생각하면 벌써부터 눈앞이 캄캄했다. 선생님, 제발 부탁이니 아무 말도 하지 말아 주세요!

"의사라는 직업에는 어울리지 않습니다."

아니나 다를까 엄마는 차에 올라타자마자 불같이 화를 냈다.

"뭐 저런 무례한 선생이 다 있어! 우리 딸이 의사가 되기에 적합하지 않다고? 고등학교 선생 주제에 감히 어디다 대고!"

엄마가 한마디 할 때마다 차 안 공기가 부들부들 떨려서 앞 유리가 깨질 것만 같았다.

"애초에 네가 그따위 성적을 받아 오는 바람에 일이 이렇게 된 거잖아. 바보 같은 게! 엄마한테 이런 식으로 창피를 주니까 좋니? 좋아? 그러니까 엄마가 공부 열심히 하라고 했지!"

엄마의 신경질적인 목소리가 아카리의 귀를 아프게 파고 들었다. 저도 모르게 눈물이 났다.

다른 집 엄마들도 다 이런 걸까? 자식이 안 좋은 성적을 받아 오면 소리를 지르고 손찌검을 할까?

학력은 시험 점수로 정해진다. 그 이상도 이하도 아니다. 숫자는 거짓말을 하지 않는다. 담임 선생님은 사실을 근거로 객관적인 견해를 말했을 뿐인데 엄마는 왜 그걸 받아들이지 못하는 걸까. 담임 선생님께 죄송하다.

다른 아이들은 친구끼리 모르는 것을 서로 가르쳐 주기도 하고 입시 정보를 교환하기도 하고 함께 학교 외부에서 주최하는 모의고사를 보러 가서 결과를 공유하기도 했다.

나는 다른 아이들을 그저 부러운 눈으로 바라볼 뿐이었다.

그 정도로 마음이 맞는 친구가 있다는 사실이 부러웠다.

다들 입시와 관련해서 다양한 정보를 알고 있었다.

남한테 가르쳐 줄 수 있을 정도로 내용을 숙지하고 있다는 점도 부러웠다.

내 모의고사 점수 같은 건 창피해서 아무한테도 보여 줄 수 없다.

외부 모의고사를 함께 보러 갈 친구도 없을뿐더러 애초에 엄마가 허락할 리도 없었다.

같은 반 아이들은 모두 자신이 목표로 하는 대학교에 가고 싶어 하는 이유가 있었고, 그 목표를 이루기 위해 최선을 다해 노력하고 있었다.

나는 왜 의대에 가려고 하는 걸까. 내게는 남들처럼 명확한 이유가 없었다. 그런 상태에서 미친 듯이 공부에 매달릴 수 있을 리가 없었다.

아카리가 본격적으로 입시 공부를 시작한 것은 고등학교 2학년이 끝나갈 무렵부터였다.

아카리가 다니는 학교는 수업 진도가 빨라서 고3 여름 무렵에는 교과서를 다 마치고 특강이나 보충 학습 중심으로 수업이 진행되었다.

고등학교 2학년 때 아카리는 선생님에게 이런 말을 한 적이 있다.

"저희 엄마는 굉장히 엄격하시고 아빠는 단신 부임 중이셔서 따로 살아요. 통금은 저녁 8시인데 지난번에 조금 늦게 돌아갔더니 엄마가 문을 잠가 버려서 문밖에서 울면서 들여보내 달라고 엄마한테 문자로 빌었어요."

엄마는 아카리에게 집에 돌아오기 10분 전에 문자로 연락하라고 시켰다. 문자를 받으면 엄마는 욕조에 더운물을 받기 시작했다. 아카리가 집에 도착하면 엄마가 먼저 씻으러 갔고 얼마 지나지 않아 욕조에 물이 다 받아졌다는 알림음이 울렸다. 아카리가 옷을 벗고 들어가면 수증기가 자욱한 욕실 안에서 엄마가 씻고 있었다.

아카리는 엄마에게 물이 튀지 않도록 조심해서 몸에 물을 끼얹고 욕조에 들어갔다. 고등학생 딸과 엄마가 함께 씻는 것은 수도세와 전기세를 절약하기 위해서였고, 시간을 절약한다는 의미도 있었다. 씻고 나와서 저녁 식사를 하고 공부를 하다가 자정 즈음에 잠자리에 들었다. 아침 6시에 일어나는 아카리의 수면 시간은 6시간 정도였다.

모든 것은 엄마가 아카리를 의대에 보내려면 최대한 지출을 줄이고 시간을 아껴 써야 한다고 생각해서 정한 규칙이었다.

"하아… 피곤하다…."

"뭐라고?"

나도 모르게 중얼거리자 바로 엄마의 질책이 날아들었다.

"지금 피곤하다는 말이 나오니? 멍청한 게. 학교에 다닐 수 있고 공부할 수 있다는 게 얼마나 감사한 일인지 알면 그런 말은 감히 입에 담을 생각도 못할 텐데."

며칠 전 보여 준 모의고사 결과가 별로여서 엄마는 기분이 좋지 않았다. 더운 수증기가 나를 무겁게 짓눌렀다.

"죄송해요."

엄마 앞에서는 절대로 피곤하다는 말을 하면 안 된다.

수업이 없는 주말이나 휴일은 더했다.

아침 8시에 일어나 엄마가 일어나는 9~10시까지 공부했다. 엄마가 일어나면 함께 브런치를 먹고 둘이서 근처 마트에 장을 보러 갔다.

집에 돌아와서 저녁때까지 공부한 후 평일과 마찬가지로 엄마와 함께 씻고 저녁 식사를 하고 다시 책상 앞에 앉았다. 다음 날이 쉬는 날이면 보통 새벽 1~2시까지 공부했다.

아카리에게 여가라고 할 만한 시간은 평일 등하고 때와 휴일에 밥 먹으면서 TV를 볼 때뿐이었다.

엄마는 옆에서 아카리가 제대로 공부하는지 감시했지만 같이 문제를 푼다거나 공부를 봐주지는 않았다. 문제집을 사다 주고 제대로 푸는지만 감시하면 자연스럽게 성적이 오를 거라고 생각하는 듯했다. 중학교 입시 때와 마찬가지로 한 과목당 문제집을 두세 권씩 사 왔고 그것들을 전부 풀라고 했지만 아카리에게 책을 읽으라고 말한 적은 없었다.

아카리는 의대 지망이었지만 이과 과목은 좋아하지 않았고 성적도 안 좋았다. 가장 자신 있는 과목은 국어였고 전체적으로 문과 쪽이 더 적성에 맞았다. TV에서 검사나 변호사가 나오는 드라마를 보면 멋있다는 생각이 들었다.

엄마 기분이 좋아 보일 때를 노려서 "법대도 좋을 것 같지 않아?"

하고 운을 때 본 적도 있었지만 지금 도망칠 생각이냐며 표정을 일그러뜨리는 엄마를 보고 자신이 한 말을 바로 취소할 수밖에 없었다.

편차치 10만큼의 벌

고3 가을이 되자 입시 분위기가 급격히 고조되기 시작했다.

"안 되면 재수해야겠지?"

"그래? 우리 집은 부모님이 재수는 절대 안 된대."

복도를 지나다닐 때면 여기저기서 이런 대화가 들려왔다.

학원에서 주최하는 모의고사를 수차례 치르며 합격 가능성을 예상해 보았다. 아카리의 편차치는 58로 학부를 가리지만 않으면 충분히 국공립대에 합격할 수 있는 수준이었다. 하지만 1지망인 시가대 의대의 편차치는 68이었고, 아카리가 그곳에 합격할 가능성은 35%에 불과했다.

부족한 편차치는 10. 엄마는 아카리에게 그에 해당하는 벌을 주었다.

집에 돌아와 엄마한테 성적표를 보여 주면 그때부터 밤늦게까지 장장 몇 시간에 걸쳐 혼이 나고 설교를 들은 후 벌을 받는다.

"가져와."

겨우 끝났다. 오늘은 그래도 자정 전에 끝나서 다행이다. 내일 학교 가기 전에 조금이라도 잘 수 있겠다.

안 쓰는 옷장 문을 열면 안쪽에 직경 3센티미터, 길이 60센티미터 정도 되는 철제봉이 비스듬히 세워져 있다. 나는 봉을 집어서 애써 아무렇지 않은 척하며 엄마에게 건넸다.

"68 빼기 58은 10. 그러니까 10대."

"응."

나는 뒤로 돌아 바닥에 엎드려서 소리를 내지 않도록 이를 악물었다.

"하나." 퍽.

"둘." 퍽.

"셋." 퍽.

"넷." 퍽.

"다섯." 퍽.

"여섯." 퍽.

"일곱." 퍽.

"여덟." 퍽.

"아홉." 퍽.

"열." 퍽.

"빨리 옷 갈아입고 공부해."

"응."

맞은 자리가 아프고 욱신거려서 눈물이 날 것만 같다. 나는 볼 안쪽을 꽉 물고 눈을 크게 떴다. 눈을 깜박이면 눈물이 흘러내릴 것이고 그걸 보면 엄마가 다시 화를 낼 것이다. 오늘 밤은 자고 싶었다.

교복을 벗고 엄마 몰래 거울에 등을 비춰 보았다. 길고 가느다란 멍이 등을 뒤덮고 있다. 일부는 검붉은 색을 띠고 있고 일부는 파란색, 일부는 자주색이다.

이전에 생긴 멍이 겨우 사라져 가고 있었는데.

교복을 옷걸이에 걸려고 팔을 뻗자 등에 날카로운 통증이 느껴진다.

앞으로 또 며칠은 자다가 뒤척일 때마다 아파서 깨겠구나. 생각만 해도 우울하다.

눈앞이 흐릿해진다.

엄마가 원하는 점수를 받아 오지 못하면 이런 벌을 받았다. 처음에
는 청소기로 맞았는데 때리다가 파이프에 금이 가는 바람에 옷장에
걸린 봉으로 바뀌었다.

욕실에서 씻다가 엄마한테 바가지로 맞은 적도 있었다. 아카리의 왼
쪽 이마에는 지금도 길이 1.5센티미터 정도 되는 상처가 남아 있다.

이 무렵 아카리는 두 번에 걸쳐 가출을 시도했다. 고등학교 때 아카
리를 가르친 교사가 법정에서 증언한 바에 따르면 첫 번째 가출은 고3
여름방학이 시작되었을 무렵이었고, 그날 아카리가 갑자기 교사의 집
에 찾아왔다고 한다.

그는 아카리네 반 담임은 아니었지만 2학년 때 고전을 가르쳤고, 3
학년 때는 대입 준비반에서 개별 지도로 국어를 가르쳤다. 독서를 좋
아하고 국어 과목을 좋아하는 아카리가 세상에서 유일하게 자기 마음
을 알아주는 사람이라고 느낀 상대가 바로 이 남자 교사였다. 교사의
집 주소는 학교에 비치된 교직원 명부를 보고 알아냈다.

교사는 아카리를 설득해서 그날 바로 집으로 돌려보냈다.

하지만 그로부터 얼마 지나지 않아 아카리는 두 번째 가출을 감행했
다.

아직 여름방학이 끝나지 않은 8월 말, 아카리가 교사의 집에 다시
찾아왔다. 여행에서 돌아온 엄마와 크게 싸우고 집을 뛰쳐나왔다고 했
다. 아카리는 엄마가 집을 비운 며칠간 일시적으로나마 자유를 맛보았
고, 이제 또다시 엄마에게 일거수일투족을 감시당하는 나날이 시작된

다는 사실에 절망한 나머지 충동적으로 가출을 하게 된 것이었다.

육친 재회

센터시험 및 국공립대 입시가 반년 후로 다가왔다.

아카리는 두 번의 가출 시도 후 정신적으로 계속 불안정한 상태가 이어졌고, 가을이 되어서도 성적은 오를 기미를 보이지 않았다. 연습 삼아 지원해 본 방위대 의대도, 몇몇 중견 사립대 이공계 학부도 전부 다 떨어졌다. 한 군데도 합격하지 못한 아카리는 엄마한테 혼나는 것이 무서워서 방위대 의대 합격증을 위조했지만 집에서 통학 가능한 국공립대 의대가 목표인 엄마에게 방위대 의대 합격증은 아무 의미도 없는 종이 쪼가리에 불과했다.

매년 연말연시가 되면 일가 친척들이 한자리에 모여 새해 인사를 나누었지만 올해는 아카리가 고3이라는 점을 감안해 아카리네는 참석하지 않기로 했다. TV에서 하는 연말 가요제도 보지 않았고 절에 소원을 빌러 가거나 새해맞이 할인행사에 가지도 않았다.

2005년이 밝았다.

센터시험은 1월 15일과 16일 양일에 걸쳐 실시되었다. 첫째 날 시험 과목은 외국어(영어)·지리역사·이과였고, 둘째 날 시험 과목은 국어·수학·공민이었다.

우중충한 잿빛 하늘이 무겁게 드리워져 있었다.

국공립대 의대에 지원하려면 센터시험에서 다섯 교과 일곱 과목을 필수로 치러야 한다. 아카리는 국어, 영어, 생물, 화학, 수학 I A, 수학 II B, 윤리를 선택했다.

국어 지문에는 엔도 슈사쿠의 소설 「육친 재회」가 나왔다. 배우가 되겠다는 꿈을 안고 프랑스 파리로 건너간 여동생을 주인공 남자가 찾아가는 장면이다. 여동생의 궁핍한 처지를 보고 장래를 걱정하는 오빠에게 여동생은 "인생은 결과가 전부가 아니다"라며 강하게 반발한다.

변함없이 이상한 머리 모양을 한 여자들과 좌우 흉부를 가로지르는 매듭 장식이 달린 외투를 입은 남자들이 카페 안을 배회하고 있었다. 이들은 쓰레기다. 다들 자기가 파리에서 가장 재능 있는 사람이라고 믿으며 어둠 속으로 침잠하고 있었다. 여동생도 이 이국의 도시에서 그중 한 명이 되려 하고 있었다.

"하지만 이 사람들처럼 되면 끝난 거 아니냐."

나는 내가 입은 트위드 코트를 내려다보며 말했다.

"설령 그렇게 되더라도… 산다는 건 결과가 전부가 아니잖아. 아무런 보상이 따르지 않더라도 본인이 만족하면 그걸로 된 거 아냐?"(「육친 재회」, 엔도 슈사쿠)

당시 자신이 놓인 상황과도 연관 지어 생각해 볼 수 있는 내용이지만 아카리는 그때 일을 거의 기억하지 못한다.

센터시험 결과는 처참했다.

그럭저럭 잘 본 과목도 있었지만 화학과 수학을 망치고 그나마 자신 있던 국어에서도 죽을 쑤는 바람에 전체적으로 믿을 수 없을 정도로 낮은 점수를 기록했다. 시가의과대학 의학부 의학과에 지원하더라도 기준 미달로 2차 시험 자체를 보지 못할 가능성이 높았다.

스스로가 구제불능의 바보 멍청이라는 생각밖에 들지 않았다.

한편으로는 이 정도면 엄마가 나를 포기해 주지 않을까 싶기도 했다.

"반수를 하도록 해."

일단 아무 대학이나 들어가서 다니면서 내년에 다시 센터시험을 보라는 말이었다. 엄마는 반수라는 말을 어디서 알게 된 걸까. 내 기대는 한순간에 무너져 내렸다.

"의대 가겠다고 일부러 비싼 사립 학교에 들어가서 중고등학교 6년 동안 미국 할머니한테 학비를 지원받았는데 이제 와서 의대에 다 떨어졌다고 말할 수는 없잖아."

하지만 사실이 그렇잖아. 나는 의대에 갈 정도로 머리가 좋지 않은걸.

"교토대 간호학과에 가도록 해."

교토대? 도쿄대와 쌍벽을 이루는 일본 최고의 명문대에 가라고? 농담이지? 가능할 리가 없잖아.

"간호대 따위를 보낼 생각은 전혀 없었지만 네가 이 모양 이 꼴이니 달리 방법이 없잖니. 교토대면 일단 할머니나 이웃들한테 면이 서니까…. 원래는 현역으로 의대를 보낼 생각이었지만 네가 이렇게 멍청하니 1년 더 기다리는 수밖에. 우선은 교토대에 들어가 놓고 내년에 다시 시험 봐서 의대에 편입하도록 해. 알았어?"

시험을 다시 보라고? 1년 더 공부해서? 대학을 다니면서? 무리야. 절대 불가능해. 교토대라니 말도 안 돼.

"엄마가 지금 얼마나 참고 있는지 알아? 네가 하도 멍청하니까 많이 봐준 거야. 알지?"

"응…."

엄마의 발길질

의대 말고는 쳐다도 안 보던 엄마가 어째서 갑자기 교토대 간호대라는 카드를 꺼내든 것일까.

결국은 이 역시 엄마의 자존심 때문이었다. 아카리의 성적으로는 1지망인 시가대 의대에 지원하더라도 합격할 가능성은 전무했다. 그렇다고 해서 아무 데도 합격하지 못한 상태로 그냥 재수를 시키기에는 매년 거액의 교육비를 보내 주는 외할머니에게 체면이 서지 않았다. 아카리가 대학에 가지 못했다는 말은 할 수 없었다. 지금까지 엄마는 종종 아카리 대신 편지를 써서 미국에 사는 외할머니와 작은할머니에게 보냈고, 그 편지 속에서 아카리는 누구보다 똑똑하고 잘난 딸이었다. 편지에 적힌 내용이 사실이라고 믿고 있는 두 사람에게 이제 와서 그게 다 거짓말이었다고 밝힐 수는 없는 노릇이었다.

간호학과라고는 해도 교토대라면 모두가 다 알아주는 학교였고 집에서 통학도 가능했다.

일단 교토대에 들어간 후 재수해서 다시 의대에 가라는 것이 엄마가짠 시나리오였다. 하지만 교토대 간호학과, 즉 교토대학 의학부 보건학과(현 인간건강학과)의 편차치는 60 전후로, 의학과처럼 아주 불가능한 목표는 아니었지만 그렇다고 해서 현재 아카리의 성적으로 쉽게 들어갈 수 있는 곳도 아니었다.

일주일 후, 아카리는 세 번째 가출에 나섰다. 이때도 도움을 요청한 상대는 국어 교사였다.

"저녁 6시쯤 전화를 받았습니다. 아카리는 엄마가 자기를 죽이려고 해서 집에서 도망쳐 나왔다고 했습니다. 지금 신오사카역에 있으니 제발 도와 달라고 하더군요. 목소리나 말투 같은 게 아무래도 심상치 않아서 일단 저희 집으로 오라고 했습니다."

교사는 늙은 어머니와 둘이 살고 있었다.

아카리는 저녁 8시경 교사의 집에 도착했다.

"선생님, 이것 좀 보세요."

아카리는 교사 앞에서 치마를 걷어 허벅지를 내보였다. 허벅지에는 세 군데 검고 커다란 멍이 들어 있었다. 교사가 깜짝 놀라 어떻게 된 일이냐고 묻자 아카리는 엄마한테 발길질을 당했다고 대답했다. 교사는 일단 그날은 아카리를 자기 집에서 재웠다. 이튿날 아카리는 교사의 어머니에게 자기 팔에 든 멍을 보여 주었다.

"아카리, 이건 신고해야 할 것 같구나. 우선 학교에 연락하자."

"싫어요. 전 담임 선생님하고 사이가 안 좋단 말이에요. 학교에는 알리고 싶지 않아요."

"그럼 경찰에 신고하면 어떻겠니?"

"…다른 사람들 눈도 있으니 괜히 문제를 크게 만들고 싶지 않아요."

아직 방학은 아니었지만 센터시험이 끝나고 나면 다들 지망하는 대학에 원서를 제출하고 시험을 보러 다니느라 바빠서 학교에는 나오지 않았다. 아마도 다음 등교일은 졸업식 날이 될 터였다. 아카리가 자기 입으로 사이가 안 좋다고 한 담임 교사와도 졸업할 때까지 만날 일이 없었다.

"네 뜻이 정 그렇다면…." 남자 교사는 학교와 경찰에 신고하는 것은 포기하고 아카리를 집으로 돌려보냈다.

아카리는 과거에 학교에서 시험을 보다가 커닝을 한 적이 있었고, 그래서 담임은 아카리를 좋게 보지 않았다. 내신도 안 좋아서 추천 입학은 불가능했다.

학부모 삼자 면담 때 아카리가 의사라는 직업에 어울리지 않는다는 담임의 말을 듣고 크게 분노한 엄마는 일반 전형으로 의대에 합격해서 담임의 코를 납작하게 만들어 주라고 했지만 아카리는 솔직히 말해서 시가대 의대에는 가고 싶지 않았다.

엄마한테서 도망치고 싶었기 때문이다.

엄마는 집에서 통학 가능한 거리에 있는 대학에 가라고 했지만 아카리는 무슨 수를 써서라도 집에서 나오고 싶었다. 그래서 생각해 낸 것이 시즈오카현 하마마츠시에 있는 하마마츠대 의대였다.

하마마츠대 의대도 들어가기 어려운 국립대였고 추천 전형 정원은 스물다섯 명밖에 되지 않았다. 추천 전형으로 지원 가능한 학생 수는 학교당 네 명 이내였고, 아카리의 점수는 추천 전형 지원 기준에 턱걸이하는 수준이었다.

하마마츠대 의대의 입학시험은 2월 6일과 7일 양일에 걸쳐 진행되었다. 아카리는 엄마한테는 말하지 않고 몰래 원서를 넣은 뒤 시험을 보러 하마마츠로 향했다.

하마마츠대 의대에 합격하기 위해서는 센터시험에서 80% 이상을 받아야 했고, 2차 시험에서는 적성검사와 소논문과 면접이 기다리고 있었다. 쉽지 않은 일이었지만 만약 합격하기만 한다면 엄마와 떨어져 혼자 살 수 있다. 죄수 같은 생활에서 벗어날 수 있는 절호의 기회였다.

아카리가 남긴 편지를 보고 딸이 하마마츠대 의대 시험을 보러 갔다는 사실을 알게 된 엄마는 길길이 날뛰었다.

"아내가 저한테 연락해서 아카리가 도망치려고 하니 빨리 가서 잡아 오라고 했습니다. 그래서 일을 마치자마자 바로 고속열차를 타고 하마마츠로 갔습니다."

아버지의 직장에서 하마마츠까지는 1시간 반 정도 걸렸다. 도중에 교토에서 열차를 한 번 갈아타고 저녁 무렵 하마마츠대 의대에 도착해서 정문 앞에서 조금 기다리니 아카리가 나오길래 그대로 모리야마에 있는 집으로 데리고 돌아갔다.

돌아오는 길에 두 사람은 아무 말도 하지 않았다. 아버지는 원래부터 과묵한 편이었고, 아카리도 무슨 말을 하면 좋을지 알 수 없었기 때문이다.

2월 말부터는 드디어 국공립대 2차 시험*이 시작되었다.

아카리는 엄마가 시키는 대로 전기와 후기 모두 교토대 간호학과에 지원했다.

2차 시험은 영어, 수학ⅡB, 수학Ⅲ, 생물·화학·물리 중 두 과목을 선택해서 치러진다. 아무리 간호학과라고는 해도 교토대의 커트라인은 매우 높기 때문에 합격하기 어려울 거라는 사실은 누구보다 아카리 자신이 가장 잘 알고 있었다.

의욕을 끌어올리기 위해 입시 정보지나 대학교 안내 책자 등을 보며 대학생이 된 자신의 모습을 그려 보려 했지만 아무리 해도 자기와는 상관없는 딴 세계 일처럼 느껴졌다.

"아카리 네가 정말로 열심히 공부했다면, 그리고 센터시험의 가채점 결과가 정확하다면 간호학과에는 합격하지 못할 리가 없어. 아무리 교토대라고는 해도 네가 지원한 곳은 간호학과니까."

"응."

---

* 일본의 국공립대 2차 시험은 전기(2월 말)와 후기(3월 중순)로 나누어 치러지며, 두 번 다 같은 학교 같은 학과에 지원하는 것도 가능하다

엄마한테는 센터시험 가채점 결과를 80~90% 정도라고 말해 두었다. 실제로는 센터시험 점수만 봐도 이미 합격은 기대하기 어려운 상태였다. 센터시험이 끝나고 2차 시험 당일까지 약 한 달 동안 매일 몇 시간씩 책상에 달라붙어 교토대 기출문제 답안을 노트에 옮겨 적었다. 교토대 2차 시험은 답안을 그대로 옮겨 적는 것조차 쉽지 않았다. 이렇게 어려운 문제를 내 힘으로 풀 수 있을 것 같지가 않았다. 무리다. 절대 불가능해.

"너 거짓말 한 거면 혼날 줄 알아."

"아니라니까. 다녀오겠습니다."

이 날을 위해 한 달을 버텼다.

합격했다고 말해

교토대 2차 시험 전기 합격 발표는 2005년 3월 9일이었다. 점심 전에 집으로 전자 우편이 도착했다. 종이에 인쇄된 합격자 명단에 아카리의 수험 번호는 들어 있지 않았다.

"없어! 없잖아! 대체 왜?"

엄마가 마구 소리를 질러댔다. 당황한 기색이 역력했다.

당연히 없겠지. 있을 리가 없잖아.

"너 열심히 공부한 거 아니었어? 센터시험 가채점 결과로는 합격할 거라고 했잖아. 엄마한테 거짓말한 거야? 응? 엄마를 속인 거야? 응? 뭐라고 말 좀 해봐. 설마 간호학과까지 떨어질 줄이야! 이게 말이 되냐고!"

높고 신경질적인 목소리에 귀가 찢어질 것만 같았다. 엄마가 무시무시한 얼굴로 내게 바짝 다가오더니 내 머리카락을 움켜쥐고 마구 흔들었다.

엄마는 내가 또 속였다고 하지만 어차피 사실대로 말해도 안 듣잖아. 엄마가 거짓말을 하게 만들잖아. 이제 어떻게 되려나. 이번에야말로 나를 좀 포기해 줄까?

"난 공부, 열심히 했어. 센터시험, 가채점, 결과는 괜찮았어. 거짓말, 아냐. 잘못했어요."

엄마가 나를 짐짝처럼 바닥에 내팽개쳤다.

"엄마는 말 못 해! 네가 아무 데도 합격하지 못했다는 말을 창피해서 어떻게 하냐고!"

그야 그렇겠지. 하지만 안 하면 어쩔 건데?

"중고등학교 6년간 학비를 대준 너희 외할머니한테 죄송해서라도 그런 말은 절대 못 해!"

그래도 어쩔 수 없잖아.

"합격한 걸로 하자."

…어?

"교토대에 합격했다고 말할 거야."

엄마는 혼잣말처럼 중얼거렸다. 그게 무슨 소리야? 나는 너무 놀라서 할 말을 잃었다. 미쳤어.

"교토대에 합격했다고 말해. 할머니가 지원해 준 덕분에 교토대에 들어갔다고, 정말 감사하다고…."

엄마의 목소리가 부들부들 떨렸다. 진짜로 합격해서 이렇게 인사하게 할 생각이었는데 이 바보 천치가….

"…하지만 도저히 의사가 되는 걸 포기하지 못하겠으니 교토대에 다니면서 재수해서 의대에 가고 싶다고 할머니한테 부탁해."

"뭐?!"

도저히 의사가 되는 걸 포기하지 못하겠는 사람은 내가 아니라 엄마잖아!

"1년 동안 열심히 해서 거짓말을 참말로 만들도록 해!"

"으…응."

나는 질려서 아무 말도 하지 못했다. 무서웠다.

그날 밤, 엄마는 미국 할머니한테 전화를 걸어서 아카리가 교토대에 합격했다고 전하고 아카리에게도 감사 인사를 하라고 시켰다.

엄마는 자신이 한 거짓말에 현실성을 더하기 위해 치밀하게 계획을 짰다. 아카리와 함께 교토대에 가서 교토대 이름이 새겨진 기념품 사탕을 사고, 캠퍼스에 주차된 자전거에 아카리를 앉히고 사진을 찍었다. 그런 식으로 증거 사진을 모아 미국 할머니에게 보냈다.

얼마 지나지 않아 할머니에게서 축하 편지가 도착했다.

아카리에게

합격 축하한다. 기쁜 소식을 들려주어 고맙구나.

명문 중의 명문 교토대에 합격하기 위해 네가 얼마나 뼈를 깎는 노력을 했을지 짐작이 간다.

전국의 수험생뿐 아니라 그 가족들에게 교토대라는 이름만큼 손에 넣고 싶은 게 또 있을까 싶구나. 할머니도 그중 한 명이었던 것 같다.

하지만 네가 목표로 하는 길은 의료 관계자가 아니라 의사라는 것도 잘 알겠다. 내년을 위해 모든 것을 걸고 한번 더 해 보겠다는 굳은 각오가 느껴지더구나.

내년에는 올해보다 시험이 더 복잡해진다고 하니 힘든 한 해가 되겠지만 아카리 너라면 반드시 해낼 거라고 믿는다.

아르바이트는 기분전환이 될 정도로만 하고 공부에 전념하도록 하거라. 그러기 위해 이 돈이 도움이 되면 좋겠구나.

자신이 세운 목표를 이루기 위해 최선을 다해 노력하기 바란다.

할머니가

편지에는 구불구불하게 파마한 머리에 안경을 쓴 미국 할머니가 털이 긴 개를 데리고 있는 그림이 그려져 있었다.

최고급 후리소데

3월 13일부터 시작되는 2차 시험 후기 일정에서도 아카리는 전기와 동일하게 교토대 간호학과에 지원했지만 붙을 거라는 기대는 하지 않았다. 애초에 교토대는 지원 대상이 아니었기에 2차 시험 준비도 전혀 하지 않았고, 하마마츠대 의대에 시험 보러 갔다가 아버지에게 붙잡혀 돌아온 후 대학 입시에 대한 모든 의욕을 잃은 상태였기 때문이다.

아카리는 일기에 당시 심경을 이렇게 적어 놓았다.

3/17

아침에 눈을 뜨면 '또 하루가 시작되는구나…' 하고 한숨이 나오고, 엄마 얼굴을 보면 '엄마만 없었어도…' 하고 한숨이 나오고, 책상 앞에 앉으면 '수학 Ⅲ 따위 꼴도 보기 싫어…' 하고 한숨이 나온다. 핸드폰을 압수당해서 친구한테 하소연하는 것도 불가능하다.

그야말로 죄수처럼 살고 있다. 새장 속의 새처럼 우아한 느낌은 전혀 아니다. 간수는 그런 내게 도망쳐도 소용없으니 쓸데없는 생각 말고 얌전히 복종

하라고 한다. 내게는 먹는 것과 자는 것만이 유일한 즐거움이다. 도망쳐도 소용없다는 말을 계속 반복하는 걸 보면 간수는 혹시라도 내가 도망치지는 않을지 매일 그 걱정만 하는 것 같다.

3/23

　역시나 후기도 떨어졌다. 떨어질 줄 알았기 때문에 별로 충격은 받지 않았다. 딸이 이렇게 멍청한데도 포기하지 않고 자기 꿈을 강요하는 엄마. 정말이지 지긋지긋하다. 불가능한 건 어떻게 해도 불가능한 건데. 아무것도 모르는 아마추어한테 올림픽에 나가서 금메달을 따오라고 하는 거나 마찬가지라고. 내가 노력하고 싶지 않다고 하는 건 앞뒤가 많이 생략된 말이다. 정확히는 '어차피 소용없을 거라는 걸 아니까 쓸데없이 노력하고 싶지 않다'는 거다. 해 봤자 안 될 게 뻔한데 뭐 하러 노력을 해? 이런 말을 하면 엄마는 화를 내며 네 맘대로 하라고 한다. 그래 놓고 내 마음대로 하게 내버려두지도 않을 거면서. 아무래도 죽을 때까지 놓아줄 생각이 없는 것 같다. 제발 좀 놓아주면 좋겠는데. 엄마는 내가 백수 상태로 얹혀살고 싶어 하지 않는다는 걸 아니까 이대로 대학 안 가고 알바나 하면서 살 거냐고 나를 협박한다. 아빠도 전혀 도움이 안 된다. 두 사람 다 갑자기 사고라도 나서 확 죽어 버리면 좋겠다. 정말로 그런 일이 생기면 아마 웃음이 나지 않을까 싶다. 내 불행의 씨앗이 사라지는 거니까. 하지만 이렇게 내가 미워하는 사람일수록 오래오래 살면서 나를 힘들게 한다.

　"후리소데* 구경하러 가자."

---

* 　미혼 여성이 입는 일본의 전통 예복. 소매 폭이 넓고 긴 것이 특징이다

교토대 후기 2차 시험 합격 발표가 난 다음 날 아침, 평소보다 조금 일찍 눈을 뜬 아카리에게 엄마가 말했다.

아침에 일어나서 신문을 보다가 근처 쇼핑몰에서 후리소데를 비롯한 기모노* 할인행사 중이라는 전단지를 발견했다고 했다.

"대학도 떨어진 마당에 무슨 후리소데야."

"구경만 할 거야. 즐거운 일이 아무것도 없으니까 옷 구경이라도 해야지."

엄마의 가시 돋힌 비아냥을 들으며 9시 반쯤 함께 집을 나섰다.

평소에도 자주 가는 쇼핑몰이었지만 이날은 왠지 처음 온 곳처럼 낯설게 느껴졌다.

붉은색, 겨자색, 풀색 등 다양한 색상의 기모노들이 눈길을 끌었다. 엄마는 구경만 하겠다고 했으면서 마치 자기가 입을 옷을 고르기라도 하는 것처럼 진지한 눈빛으로 진열대를 살펴보기 시작했다. 아카리는 빨강이나 노랑처럼 화려한 색은 그냥 지나치고 검정과 남색 계열을 모아둔 코너에서 걸음을 멈추었다.

"마음에 들면 한번 입어 봐."

"그래도 돼?"

돈에 인색한 엄마가 평생 딱 한 번 성인식 때밖에 입을 일이 없는 비싼 후리소데를 사 줄 리가 없었지만 오늘은 이상할 정도로 기분이 좋아 보였다. 어쩌면 사 줄지도 모르겠다는 생각이 들었지만 괜히 비싼 선물을 받아서 엄마한테 빚을 지고 싶지 않았다. 아카리는 그렇게 생각하며 유혹에 넘어가지 않으려 애썼다.

---

* 　일본의 전통 의상을 통틀어 일컫는 말

옷 안쪽에 붙어 있는 가격표를 확인하고 원래 있던 곳에 다시 돌려 놓기를 수차례 반복한 끝에 아카리가 고른 것은 검은색 바탕에 엷게 무늬가 들어간 수수한 느낌의 후리소데였다. 18만 엔이면 행사장 안에 진열된 옷들 중에서는 싼 편이었다.

"이거…."

"괜찮네."

아카리가 점원의 도움을 받아 자신이 고른 후리소데를 입어 보는 동안에도 엄마는 계속해서 매대를 살폈다.

이윽고 엄마가 고른 옷은 마찬가지로 검은색 바탕에 홀치기염색으로 화려한 무늬를 넣은 28만 엔짜리 후리소데였다.

아카리는 옷에 덧댄 작은 꽃 모양 장식이 싸구려 같아 보여서 마음에 들지 않았다. 엄마는 옷에 어울리는 허리띠를 고르고, 허리띠를 묶을 끈을 고르고, 다른 옷을 살펴보기도 하면서 아카리와 점원에게 쉴 새 없이 지시를 내렸다.

"이게 더 낫지 않니? 아무튼 이것도 한번 입어 보렴."

실제로 입어 보니 왜 엄마가 고른 옷이 10만 엔이나 더 비싼지 알 것 같았다. 싸구려 같아 보일까 봐 걱정했던 꽃 장식이 적당히 포인트가 되는 동시에 검은색 바탕과도 멋진 조화를 이루었다. 28만 엔이라는 가격이 비싼 건 사실이지만 비싼 값을 하는 물건이었다. 그래도 역시 너무 비싸서 감히 사 달라는 말은 꺼낼 엄두조차 나지 않았다. 입어 봤으니 됐지? 이제 돌아가자. 엄마라면 당연히 그렇게 말할 줄 알았지만 아카리의 예상은 빗나갔다.

"이거 사 주면 공부 열심히 할 거야?"

"하지만 이거 28만 엔이나 하잖아. 게다가 당분간은 입을 일도 없고…."

"그래도 갖고 싶잖아."

"그렇긴 한데…."

"그럼 사 줄게."

"아, 아냐, 괜찮아."

"이걸로 주세요."

아카리가 말릴 새도 없이 엄마는 계산을 끝내 버렸다.

역시 엄마 입장에서는 딸이 성인식 때 예쁘게 차려입기를 바라게 되는 걸까. 아카리는 놀란 눈으로 엄마를 쳐다보았다. 엄마는 고등학교를 졸업한 후 미국으로 건너가 몇 년간 미국 할머니네 집에서 지냈기 때문에 일본에서 하는 성인식에는 참석하지 못했다. 자기는 입을 기회가 없었던 만큼 딸이 대신 입어 주기를 바라는 마음도 있었을 것이다.

하지만 아카리의 마음은 복잡했다.

이걸로 또 빚이 늘었다. 앞으로 이 후리소데를 빌미 삼아 얼마나 시달리게 될지 생각하면 한숨이 절로 나왔다.

아카리가 진심으로 원하는 것은 후리소데가 아니라 자유였다. 당시 아카리가 적은 일기를 보면 마치 비명처럼 느껴진다.

3/24

엄마한테는 미안하지만 별로 기쁘지 않다. 아니, 솔직히 좋기는 한데 일단 억지로 선물을 사다 안기고 나중에 그걸 가지고 생색낼 게 뻔하니까 마음이 너무 무겁다. 짜증 나. 이런 거 필요 없으니까 내가 정말로 원하는 걸 달라고. 0엔짜리. 원하지도 않는 선물이나 돈 같은 건 받고 싶지 않아. 내가 아르바이트로 번 돈을 돌려줘. 혼자 씻게 해 줘. 매일 1층까지 책상 들고 왔다갔다하는 것도 그만하고 싶어. 핸드폰 비밀번호 바꾸게 해 줘. 이제 그만 해방시켜 줘. 날 좀 자유롭게 해 줘.

국공립대, 사립대 가릴 것 없이 자신이 지원한 모든 학교에 떨어진 아카리는 내년도 의대 합격을 목표로 재수를 하게 되었다. 엄마는 비싼 후리소데를 사 줌으로써 아카리의 의욕을 북돋우려고 했지만 그것이 전혀 효과가 없었다는 사실은 아카리가 쓴 일기만 봐도 알 수 있다.

기숙사에 들어가고 싶은데요

핸드폰 사용 내역을 체크당하고 매일 엄마와 같이 씻고 엄마 눈이 닿는 1층에 책상을 들고 내려와 공부하는 생활은 죄수나 다를 바 없었다.

그날 밤, 아카리는 이불 속에서 한 가지 결심을 했다.

문득 이런 생각이 들었다.

나는 왜 대학에 가려고 하는 걸까.

입시 공부에 매진하는 다른 아이들처럼 뚜렷한 이유도 없고 노력할 마음도 없는데 대체 왜?

대학은 당연히 가야 하는 거니까. 다들 가니까. 이런 생각을 버리고 다시 생각해 보았다. 왜? 왜?

성적에 연연하지 않고, 엄마의 눈치를 살피지 않고 자유롭게 살고 싶다.

그렇다면 취직을 하는 편이 낫지 않을까?

머릿속에 끼어 있던 부연 안개가 취직이라는 두 글자에 순식간에 걷히는 느낌이었다. 대입에 미련을 버리자 그 생각을 행동으로 옮기는 데에는 그리 긴 시간이 필요하지 않았다.

등하굣길에 손에 넣어 몰래 숨겨 두었던 무료 구인 잡지를 찬찬히 살펴보았다. 기숙사 완비. 성별 무관. 신입 환영. 어디서든 일할 수 있을 것 같은 기분이 든다. 핸드폰 알람을 엄마가 아직 자고 있을 새벽 5시에 맞춰 놓고 눈을 감는다. 잠이 오지 않는다. 아무 경력도 없는 나 같은 사람도 기숙사에 살면서 일을 할 수 있다니. 꿈만 같다. 잠이 오지 않는다.

설핏 잠이 들었다가 진동음에 깼다. 조용히 일어나 교복으로 갈아입고 가방에 구인 잡지, 핸드폰, 화장품 파우치, 지갑, 필통을 챙겨 넣었다. 소리가 나지 않도록 조심해서 문을 닫고 집에서 탈출했다.

집 앞 버스 정류장에서 첫차가 오기를 기다렸다. 역 앞에 있는 패스트푸드 음식점에서 아침을 먹으면서 구인 잡지에 부록으로 붙어 있는 이력서를 작성해야지. 증명사진도 찍어서 붙여야 할 텐데. 역에 설치된 무인 즉석 사진기는 이럴 때 쓰라고 있는 거였구나.

오전 8시. 이력서를 완성한 후 테이블에 앉아 졸고 있는데 엄마한테서 전화가 왔다. 받지 않고 무시하자 곧이어 음성 메시지와 문자가 날아왔다.

【지금 어디니? 어디서 뭐 하고 있는데?】

【나 취직하려고. 면접 보러 갔다 올게.】

짧게 답장을 보내고 핸드폰을 무음 모드로 바꿨다.

무서운 속도로 부재중 전화와 문자가 쌓여 갔다.

오전 9시 50분. 나는 에어컨 제조공장 앞에 서 있었다. 며칠 전 엄마 몰래 오늘 10시로 면접 약속을 잡아둔 터였다. 문 앞에서 인터폰을 누르고 이름과 용건을 대자 작업복 차림의 남자가 나왔다. 아빠와 비슷한 연배로 보였다.

남자를 따라 사무실 안으로 들어가자 갈색으로 염색한 머리에 작업복을 입은 20대 초반의 여자가 차를 내왔다. 이 사람이 내 사수가 될지도 모르겠다는 생각이 들었다. 남자가 권하는 대로 의자에 앉아 이력서를 내밀었다.

"그 교복, ** 고등학교 맞죠? 거기라면 명문고 아닌가? 왜 대학에 안 가고 취직을 하려는 거죠?"

가슴이 뜨끔했다. 하지만 이 질문이 나오리라는 건 예상하고 있었다.

"집이 경제적으로 여유가 있는 편이 아니라서 하루라도 빨리 자립해서 돈을 벌어야겠다고 생각했습니다."

"자립이라. 역시 명문고 학생이라 그런지 어려운 말을 쓰네요."

"아니, 그런 게 아니라…."

"오, 한자검정시험 2급도 땄네요? 대단한데?"

"아…."

성별 무관. 신입 환영.

남자는 부드러운 말투로 업무 내용을 설명해 주었다. 나는 내가 전혀 모르는 세계의 이야기를 열심히 귀 기울여 들었다. 열심히 일해서 자립하는 거야.

"…설명은 대충 여기까지 하고, 뭐 질문 있습니까?"

"기숙사에 들어가고 싶은데요…."

"아아, 직원 기숙사는…."

기숙사에서 혼자 살 수 있다니. 정말이지 꿈만 같다.

"바쁘신데 시간 내 주셔서 감사합니다."

"나이보다 어른스럽고 성실한 분 같아서 저희도 꼭 뽑고 싶네요. 긍정적으로 검토해서 조만간 연락드리겠습니다."

남자의 말과 표정에서는 진심이 묻어났다.

이제 더 이상 성적에 연연하지 않고, 엄마의 눈치를 살피지 않고 자유롭게 살 수 있다.

나는 고개 숙여 인사하고 밖으로 나왔다.

건물 밖으로 나오자 갑자기 배가 고팠다.

그래, 취직을 미리 축하할 겸 점심은 맛있는 걸 먹자. 반 친구들이 주말에 자주 놀러 간다는 쇼핑몰에 가서 거기서 제일 유명하다는 오므라이스를 먹자.

저녁이 되어 집에 돌아가기 전에 핸드폰을 확인하자 엄마에게서 온 전화와 문자가 100통이 넘었다.

오전에는 쉴 새 없이 질문을 날리다가 점심때쯤부터는 화를 내기도 하고 협박을 하기도 했다. 그러다가 저녁이 가까워 오자 걱정과 불안을 내비치기 시작했다. 그걸 보니 조금 미안한 마음이 들었다.

하지만 나는 반드시 홀로서기에 성공할 것이다.

마음을 굳게 먹고 현관문을 열었다. 문은 열려 있었다.

"아카리!"

엄마가 달려나와 나를 꽉 끌어안았다.

"다행이다! 이대로 네가 안 돌아오면 어떡하나 걱정돼서 죽는 줄 알았어."

엄마가 재빨리 문을 잠갔다.

"어서 들어와."

"응…."

기분 나쁠 정도로 상냥한 엄마의 목소리에 뭐라 설명하기 어려운 위화감을 느꼈다.

"무사히 돌아와서 정말 다행이야."

엄마는 진심으로 안도한 것 같았다. 하지만 뭔가 무서웠다. 혼이 난다거나 그런 게 아니라….

"하지만 아카리, 취직은 포기하렴."

"그거라면…."

"조금 전에 ** 공업이라는 데서 전화가 와서 엄마가 받았거든. 미안하지만 없던 일로 해 달라고 했어."

"뭐? 진짜? 대체 왜?"

"왜냐하면 아카리 너는 내년에 의대에 갈 거잖아."

"그런⋯."

엄마는 미쳤어. 도망쳐야 해.

"너는 아직 미성년자라서 부모의 동의 없이는 취직할 수 없어. 엄마는 절대로 허락하지 않을 거야. 설령 아빠가 허락하더라도 엄마가 허락하지 않을 거라고. 회사에서 그런 사람을 뽑을 것 같니?

아카리 넌 엄마랑 약속했듯이 내년에 의대에 합격하는 거야. 미국 할머니한테 교토대 학비를 지원해 달라고 해서 그 돈으로 입시 학원 보내줄 테니까 열심히 공부하도록 해.

네가 아무리 도망쳐도 엄마가 끝까지 쫓아갈 거야. 절대 포기 안 해. 합격할때까지. 절대로."

그래. 나는 엄마에게서 벗어날 수 없다. 앞으로도 쭉.

"엄마는 너를 낳았을 때부터 이미 널 의사로 만들 생각이었어. 의대 안갈 거면 위자료랑 지금까지 너한테 들인 학비 1천만 엔을 갚도록 해."

엄마는 내게 이렇게 통보했다.

그렇게 큰돈을 갚을 수 있을 리가 없잖아.

3월 말, 아카리의 고등학교 국어 선생님은 아카리에게서 무려 열두 장에 달하는 편지를 받았다. 편지에는 이렇게 적혀 있었다.

"매일 비와코 호수에 걸린 다리에서 뛰어내려 죽고 싶다는 생각만 하고 있어요."

7장

9년간의 재수 생활

스무 살이 되면

의대를 목표로 모녀가 필사적으로 노력한 보람도 없이 아카리의 첫 대학 입시는 실패로 돌아갔다.

몇 달 뒤 아카리는 미국 할머니에게 전화를 걸어 교토대 합격 소식은 거짓말이었다고 밝혔다. 옆에서 엄마도 아카리를 위해 어쩔 수 없이 거짓말을 한 거라며 울면서 변명했다. 미국 할머니는 부모 마음을 모른다며 아카리를 혼냈다.

전화를 끊자 엄마는 "너랑 미국 할머니는 나를 통해 고작 십수 년 알고 지냈을 뿐이지만 우리는 훨씬 더 긴 세월을 함께했다고!"라며 뽐내듯 말했다.

재수 첫해에 아카리는 교토에 있는 대형 입시 학원에 다니게 되었다. 학원을 고르는 과정에서는 일단 엄마가 학원 측에 자료를 보내 달라고 요청하거나 신문 광고 등을 통해 정보를 수집한 다음 그것들을 아카리에게 보여 주며 어떻게 생각하느냐고 물었지만 아카리에게는 이러한 일련의 과정이 다 형식적인 것으로밖에 느껴지지 않았다.

머리로는 가기 싫다고 생각하면서 입으로는 제발 보내 달라고 부탁해야 한다. 엄마는 내가 스스로 가겠다고 결정한 거라고 받아들이고, 나는 엄마 때문에 억지로 다니게 되었다며 엄마를 원망한다.

내가 학원을 빠졌다는 사실을 안 엄마는 화가 머리끝까지 나서 네가 보내 달라고 했으면서 어떻게 빠질 수가 있냐고, 이럴 거면 그냥 때려치우라고 한다. 나도 그러고 싶다고, 엄마 때문에 어쩔 수 없이 다니고 있는 거라고 하면 엄마는 미쳐서 길길이 날뛰고, 결국은 내가 잘못했다고 엎드려 빌어야만 끝이 난다.

    하루빨리 수험생 신분에서 벗어나고 싶었다.

    엄마를 재우고 책상 앞에 앉으면 피곤해서 공부가 되지 않았다. 아침에 일어나서 다시 잠자리에 들 때까지 분 단위로 바뀌는 엄마의 기분을 살피고 비위를 맞추려 노력하지만 엄마는 뭐 하나라도 마음에 안 드는 일이 생기면 가차 없이 내게 욕을 퍼붓는다. 고3 때 같은 반이었던 아이들은 모두 대학생이 되거나 취직을 해서 열심히 살아가고 있는데 나만 여전히 제자리다. 정말 싫다. 창피하다. 힘들다. 그만두고 싶다.

    학원에서 집으로 돌아오는 다리 위에서 새까만 수면을 내려다보았다. 여기서 뛰어내리면 죽을까. 죽어서 해방되고 싶다. 도망치고 싶다. 난간에서 몸을 내밀어 본다. 물속으로 빨려 들어갈 것만 같다. 무섭다. 너무 무섭다. 내게는 무리다. 뛰어내릴 수가 없다. 역시 이대로 집으로 돌아가는 수밖에 없나? 그건 싫다. 하지만 무섭다. 못 하겠다. 한심하다. 최악이다.

    참고서는 집 근처 쇼핑몰에 있는 대형 서점에서 아카리가 엄마 마음에 들 만한 것을 고르면 엄마가 계산했다. 필기구는 무인양품에서 파는 굵기 0.38밀리미터짜리 수성 볼펜을 사용했다. 펜의 모양, 필기할 때의 감촉, 발색, 가격 등이 전체적으로 가장 적당하다고 느꼈기 때문이다.

    입시 학원에 다니는 동시에 동네 주류 판매점에서 아르바이트도 하기 시작했다. 이 외에도 재수 생활 중에 주민자치회관 사무원, 세탁소 아르바이트 등을 경험했다.

    2006년에 치른 두 번째 입시도 실패로 돌아갔지만 당시 아카리로서는 의대에 합격하는 것보다 엄마에게서 독립하는 것이 더 중요했다. 그래서 스무 살 생일이 되기만을 손꼽아 기다렸다.

2006년 6월, 아카리는 또다시 가출을 시도했다.

열여덟 살 때 혼자서 몰래 공장을 찾아가 면접까지 봤지만 회사에서 걸려 온 전화를 엄마가 받는 바람에 들통이 나고 말았다. 당시에는 취직하려면 부모의 동의가 필요했지만 스무 살이 넘으면 부모의 동의 없이도 일할 수 있을 거라고 생각한 것이다.

이번에도 아카리가 의지한 상대는 고등학교 국어 선생님이었다. 아카리는 스무 살 생일을 며칠 앞두고 옷가지 등을 담은 택배 상자 두 개를 교사의 자택으로 보내면서 일단 가지고만 있어 달라고 부탁했다. 아카리의 계획으로는 조만간 이시카와현 가나자와에 있는 회사에 들어가서 직원용 기숙사에서 살 생각이었다.

아카리의 짐이 도착하고 얼마 지나지 않아 교사한테 아카리의 엄마에게서 항의 전화가 걸려 왔다.

"저희 딸 일기를 보니 가출 계획이 적혀 있더군요. 그 댁에 아카리 짐이 가 있을 텐데 돌려보내 주시겠어요? 애가 제 말은 도무지 듣지를 않는다니까요. 자는 아이를 보면서 몇 번이나 이 아이를 죽이고 나도 따라 죽어 버릴까 생각했는지 몰라요! 선생님, 앞으로 저희 모녀 일에는 일절 간섭하지 말아 주세요."

결국 아카리는 교사의 앞에 나타나지 않았다. 엄마가 사립 탐정을 고용해 아카리가 교사의 집을 찾아가기 전에 잡아 온 것이다.

스무 살이 되면, 스무 살이 되면…. 아카리는 고등학교를 졸업한 후 줄곧 스무 살이 되기만을 기다려 왔지만 스무 살이 되어서도 독립의 꿈은 이루어지지 않았다.

스무 살이 되었으니 부모 동의 없이도 취직이 가능할 거라고 생각해서 다시금 가출했다. 엄마는 탐정을 고용해서 나를 찾아냈다. 면접을 본 회사에는 합격했지만 지난번과 마찬가지로 입사를 취소당하고 집으로 붙잡혀 왔다.

너무 억울하고 화가 나서 바닥에 주저앉아 땅을 치며 부르짖었다. "나도 이제 스무 살이라고!" 엄마는 그런 나를 보며 떼쓰는 어린아이를 달래듯 차분한 목소리로 말했다. "그래, 엄마도 알아. 그러니까 이제 그만 포기하고 공부하렴. 아카리 넌 그럴 수밖에 없어. 얼마든지 도망쳐도 돼. 그러면 엄마가 또 찾아낼 거야. 네가 의대에 합격할 때까지 몇 번이고 반드시 찾아내고야 말 거야. 그래도 괜찮겠어?"

꿈도 희망도 다 잃고 이제 아무래도 상관없다는 생각이 들었다. 마음속에는 체념만 남았다. 엄마가 하는 폭언은 하룻밤 자고 나면 다 잊어버리고 최대한 엄마의 뜻을 거스르지 않도록 노력했다. 하루하루가 무의미하게 흘러갔다.

아카리의 짐을 맡아 주었던 국어 교사는 이 사건 이후 아카리와 연락이 닿지 않게 되었다고 법정에서 증언했다. 두 사람이 다시 만난 것은 그로부터 12년 후 오츠 지방법원 법정에서였다. 고등학교 3학년 때부터 스무 살 때까지 몇 번이고 가출했다가 잡혀 오기를 반복한 아카리는 자연스럽게 체념하는 법을 배웠다.

그해 말, 아카리는 이듬해 1월에 근처 시민회관에서 열리는 성인식 초대장을 받았다. 원래대로라면 2년 전 28만 엔을 주고 산 최고급 후리소데를 입고 참석했겠지만 아카리는 성인식에 가지 않았고 물론 후리소데를 입을 일도 없었다.

후리소데가 마음에 들지 않는 건 아니었지만 엄마의 의도가 너무 뻔히 보여서 입고 싶지 않았다. 결과적으로는 학업 의욕 향상에도 전혀 도움이 되지 않았다.

성인식은 센터시험 직전이었고, 나는 성인식에 참석하는 대신 집에 틀어박혀 공부를 했다. 엄마 입장에서는 재수하면 1년 후에는 반드시 의대에 합격할 거라고 생각해서 비싼 후리소데를 사 준 것이었을 텐데 예상이 완전히 빗나간 셈이다. 무겁게 가라앉은 집 안 공기에서 나를 향한 무언의 원망이 느껴져서 바늘방석에 앉은 기분이었다.

피로 쓴 반성문

가출이 실패로 돌아가고 공부할 의욕도 사라진 상태에서 안 그래도 들어가기 어려운 의대에 합격할 수 있을 리가 없었다.

재수 첫해에는 교토에 있는 입시 학원에 다녔지만 삼수 때부터는 집에서 혼자 공부했다. 아카리가 남몰래 속마음을 적어 놓은 노트를 훔쳐본 엄마가 학원 가서 하라는 공부는 안 하고 뭐 하는 거냐고 펄펄 뛰었기 때문이다.

노트에는 '(집을 나와서) 오사카대학에 가고 싶다'라든지 '(학원 끝나고) 교토에서 영화를 봤다'와 같은 내용이 적혀 있었다.

아카리가 가장 견디기 어려웠던 점은 모의고사나 센터시험 때 옆에 앉은 아이들이 모두 자기보다 어리다는 사실이었다.

지망하는 대학에 입학 원서를 낼 때는 출신 고등학교의 생활기록부를 함께 제출해야 한다. 엄마는 이 서류를 매년 아카리가 직접 받아 오게 했다. 엄마가 운전하는 차를 타고 자신이 졸업한 고등학교까지 간 다음 아카리 혼자 차에서 내려 교무실에 가서 생활기록부를 받아 왔다. 그때마다 현역 고등학생들의 파릇파릇한 모습을 보는 것은 아카리에게 참을 수 없는 고역이었다. 아카리는 이 일을 무려 아홉 번이나 반복한 것이다.

언제였는지 정확히 기억나지는 않지만 한번은 엄마한테 피로 반성문을 쓰라고 강요당한 적도 있었다.

"제대로 공부해서 반드시 합격하겠다고 적어!"

손끝을 바늘로 찔러 피를 낸 다음 엄마가 불러 주는 대로 받아쓰려고 했지만 아프기도 하고 겁이 나서 피가 날 정도로 깊이 찌를 수가 없었다.

"관둬라. 근성 없는 놈 같으니라고."

결국 혈서 쓰기는 없던 일이 되었지만 아카리는 그때 엄마의 경멸에 찬 눈초리를 지금도 잊지 못한다.

아카리는 성인이 된 후에도 술을 입에 대는 일이 거의 없었지만 언젠가 아르바이트를 하는 가게에서 회식을 하면서 한두 잔 마신 적이 있었다. 엄마는 아카리가 술을 마셨다는 사실을 알고 불같이 화를 냈다.

"이놈의 술주정뱅이가! 그렇게 술 냄새를 풀풀 풍기면서 어딜 들어오겠다는 거야!"

그날은 결국 집에 들어가지 못하고 대문 밖에서 밤을 지새워야 했다.

엄마는 술을 싫어했다. 이모네 집에 얹혀살던 10대 때, 매일 밤 이모와 이모부가 술에 취해 싸우는 소리를 들으며 자란 탓인지 술은 냄새만 맡아도 진저리를 쳤다. 아버지도 엄마 눈치를 살피느라 집에서는 거의 술을 마시지 않았다. 그런데 아카리가 술 냄새를 풍기며 돌아오자 엄마의 분노가 폭발한 것이다. 이 일이 있고부터 아카리는 회식에 참석하더라도 술은 한 방울도 마시지 않게 되었다.

아카리는 9년이나 재수를 했지만 이 가운데 네 번은 센터시험 가채점 결과나 모의고사 점수가 너무 낮아 2차 시험은 응시조차 하지 않았다.

어느 대학에 원서를 넣을지, 아니면 2차 시험 자체를 포기할지, 결정하는 사람은 언제나 엄마였다.

당시의 일상에 대해 아카리는 이렇게 적었다.

집 근처 쇼핑몰 1층에 잡화점이 있었다. 녹색을 기조로 한 세련된 관엽식물과 통통하고 귀여운 다육식물, 멋진 디자인이 돋보이는 화분 등을 보기 좋게 진열해 놓은 가게였다.

한번은 내가 어머니날에 카네이션 꽃바구니를 선물한 적이 있었는데 엄마는 그중 아이비를 특히 마음에 들어 해서 꽃이 진 후에도 작은 화분에 옮겨 담아 계속 키웠다. 그즈음에 엄마는 집에서 차로 20분 정도 떨어진 홈센터에서 파는 관엽식물과 다육식물을 하나씩 사 모으고 있었다.

잡화점에서는 은은하게 빛나는 에어플랜트, 화려한 색의 꽃을 피우는 선인장, 고풍스러운 느낌의 테라코타 등 홈센터에서는 보기 힘든 상품들을 팔았고, 엄마는 세련된 가게 분위기에 완전히 매료되었다. 젊고 친절한 여자 점원이 있다는 점도 크게 작용했다.

엄마가 식물에 관심을 갖는 것은 나에게도 좋은 일이었다. 무의미한 재수 생활은 어느덧 4년 차에 접어든 상태였다. 적어도 엄마가 식물을 돌보는 동안은 숨 막히는 감시와 압박에서 벗어날 수 있었다. 기분도 괜찮은 편이었고, 나를 혼내지도 않았다.

엄마는 매일같이 잡화점에 가서 구경을 했고, 며칠에 한 번은 식물이나 화분 같은 걸 사 왔다. 화분을 놓을 선반을 직접 조립하고, TV에서 해 주는 원예

프로그램이나 관련 서적을 보며 공부하기 시작했다.

한편으로는 식물에 집착하는 엄마가 귀찮기도 했다. 엄마는 가게에 갈 때마다 반드시 나를 데려갔고, 어떤 식물을 살지 어떤 화분이 어울릴지 일일이 내게 의견을 물었다. 나는 엄마의 취향에 맞게 구체적으로, 최대한 건성으로 넘기려 한다는 느낌을 주지 않도록 세심한 주의를 기울이며 대답해야 했다. 이렇게 비싼 걸 또 산다고? 아무거나 상관없지 않아? 매일같이 오는데 안 질려? 난 이제 완전히 질려 버렸어.

엄마의 자살 미수

다섯 번째 대입 시험을 앞둔 2008년 말, 엄마가 자살을 시도했다.

12월 26일 이른 아침, 1층 화장실에 쓰러져 있는 엄마를 발견한 아카리가 구급차를 불렀고, 엄마는 바로 구급차에 실려 시가현립성인병센터(현 시가현립종합병원)로 옮겨졌다.

엄마는 얼마 전부터 불면증을 호소하며 동네 병원에서 졸피뎀 성분이 들어간 수면제를 처방받아 복용하고 있었다. 이 수면제를 한꺼번에 다량 복용한 것으로 확인됨에 따라 자살하려고 한 것이 아니냐는 의혹이 제기되었다. 다행히 증상은 가벼운 편이었고 해당 병원에는 정신과가 없었기 때문에 당일에 퇴원해서 인근 심리 치료 센터로 옮겼다.

당시 병원에서 엄마와 간호사 사이에는 이런 대화가 오갔다고 한다.

"딸이랑 부딪치고 싶지 않아서 그랬어요…. 약을 매일 먹는 건 아니에요. 그냥 자면 다 잊을 수 있을 것 같아서….

지금까지 의대 진학을 목표로 딸과 함께 이인삼각으로 열심히 노력해 왔는데 갑자기 딸이 공부하기 싫다면서 학교랑 아르바이트하는 곳에서 자꾸 문제를 일으키니까…. 딸의 이력에 흠집이 나면 안 된다는 생각에 제가 대신 머리를 숙이고 사과해서 어떻게든 수습해 왔는데….”

본인은 자살하려고 한 게 아니라 그저 푹 자고 싶었을 뿐이라고 했다.

“딸이 그러더군요. 자유로워지고 싶다고, 자기는 자기 인생을 살 테니까 엄마도 엄마 인생을 살라고…. 엄마한테는 자식이 전부잖아요. 그런데 이제 와서 내 인생을 살라고 하면…. 지금까지 내가 해 온 건 다 뭔가 싶고….”

눈물이 뺨을 타고 흘러내렸다. 간호사를 상대로 한참을 하소연하던 엄마는 이윽고 말을 멈추고 이렇게 물었다.

“…여기는 어디죠?”

“병원입니다. 댁에서 쓰러진 상태로 발견되어 이리로 실려 오셨어요. 많이 피곤하셨나 봐요.”

“그랬군요…. 이런 일로 괜히 귀찮게 해 드려 죄송합니다.”

길어지는 재수 생활에 가장 힘들어하는 사람은 아카리였지만 엄마인 타에코도 지쳐가고 있었다. 하지만 간호사에게 털어놓은 속내에 따르면 자책보다는 딸이 자기 마음을 몰라주는 것에 대한 서운함이 훨씬 더 큰 것 같았다.

자살 소동 이후 아카리를 향한 엄마의 구박과 구속은 잦아들기는커녕 오히려 점점 더 심해졌다.

“나는 아무 잘못도 하지 않았는데 단지 네 엄마라는 이유 하나 때문에 몇 번이나 학교에 불려가서 고개 숙이고 사과해야 했어. 나라고 좋아서 그랬겠니? 그런데 넌 좋아하지 않는다는 이유로 제대로 노력도 하지 않고 의욕이 안 생기니까 그만두겠다고? 그게 지금 말이 된다고 생각하니?"

"어리석은 짓만 골라 하는 딸 때문에 정신적으로 힘들어하면서도 자식이라 포기하지도 못하고 십수 년 동안 어떻게든 사람 만들어 보겠다고 노력해 온 엄마한테 감사하지는 못할망정 이렇게 뒤통수를 쳐? 네가 매번 이런 식으로 나오는데 엄마가 어떻게 제정신을 유지할 수 있겠니?"

"엄마는 우리 가족이 행복하기를 바랐어. 그래서 좋은 엄마가 되려고 노력했고. 너는 뭘 했니?"

아카리는 당시의 심경을 이렇게 회고했다.

내가 의사가 된 미래는 아무리 해도 상상이 되지 않았다.

미래를 생각하면 절망감에 무너져 내릴 것만 같아서 애써 생각하지 않으려 노력했다. 매일매일 엄마의 심기를 살피고 표면적으로나마 평온하게 아무 일 없이 넘어가는 데에만 급급해서 신경이 닳아 없어질 지경이었다. 지금 그냥 넘어간 일들이 나중에 어떻게 될지는 생각하지 않았다. 생각하고 싶지 않았다. 하루하루를 무의미하게 흘려보내는 것이 싫었지만 그렇다고 해서 진심으로 공부에 몰두하지도 못했다. 이 정도면 합격하겠다는 생각이 든 적은 한 번도 없었지만 괜한 풍파를 일으키고 싶지 않아서 엄마한테는 매번 거짓말을 했다.

"합격하기 위해서 노력하고 있어."

"합격에 가까워지고 있는 것 같아."

가슴을 무겁게 짓누르는 중압감에 숨이 턱턱 막히는 매일매일. 아카리가 유일하게 숨을 돌릴 수 있는 시간은 집에서 기르는 시츄 폰타를 돌볼 때뿐이었다.

폰타와 함께 있으면 마음이 편안해진다. 익숙한 체취, 따뜻한 온기, 부드러운 털, 동그란 엉덩이, 특유의 콧김 소리, 말랑말랑한 발바닥, 기다란 속눈썹, 앙증맞은 코. 폰타는 아무 말 없이 늘 내 곁에 있어 주는 존재였다.

아카리네 집에서는 개 두 마리를 키우고 있었다. 아카리는 주로 폰타를 돌보고 엄마는 주로 긴지를 돌봤으며, 아카리는 pontamom, 엄마는 ginjimom이라는 아이디를 사용했다. 두 마리를 합쳐서 P&G라고 부르기도 했다. 폰타를 기르기 시작한 것은 아카리의 재수 생활이 막 시작된 2005년경이었고, 긴지를 입양한 것은 그로부터 7년 후였다. 아카리는 노견인 폰타를 할부지라고 부르며 예뻐했지만 엄마는 폰타를 싫어해서 자주 구박하곤 했다.

재수 5년째인 2009년 4월부터는 역 앞에 있는 일대일 입시 학원에 다니게 되었다. 학원에는 엄마가 차로 데려다주고 학원 끝나는 시간에 맞춰서 다시 데리러 왔다. 하지만 아카리는 엄마가 자기를 챙긴다기보다는 학원 끝나고 영화를 보러 간다거나 다른 데로 새지 않도록 감시한다는 느낌을 더 크게 받았다. 이곳에는 2년 정도 다녔지만 그다지 성적이 오르지 않아서 결국 그만두었다.
끝이 보이지 않는 재수 생활 속에서 엄마를 향한 불만과 원망은 점점 더 깊어만 갔다.

갑자기 사고라도 나서 엄마가 콱 죽어 버리면 좋겠다. 정말로 그런 일이 생기면 아마 웃음이 나지 않을까 싶다. 내 불행의 씨앗이 사라지는 거니까.

나는 엄마가 죽은 후의 세상을 살 거야.

아카리는 하루빨리 재수 생활이 끝나고 엄마로부터 해방되기만을
바랐다.

100만 엔을 가지고 탈출하다

2013년, 아카리는 스물일곱 살이 되었고 재수 생활은 9년째에 접어
들었다. 열 번째 경험하는 고3이었다.
이즈음에는 아카리를 옭아매던 엄마의 감시도 많이 느슨해졌다.
2~3년 전부터는 목욕도 따로 하게 되었다.
엄마가 관엽식물을 사러 다니는 쇼핑몰은 경영 악화로 인해 운영 주
체가 바뀌면서 기존에 입주했던 매장들이 다 철수하고 폐허처럼 변했
다.

오전 10시가 넘어서 쇼핑몰에 가면 주차장에 차가 몇 대밖에 없다. 엄마는
늘 하던 대로 장애인 전용 주차구역에 경차를 세웠다.
과거 마트였던 공간에 유일하게 남겨진 거대한 흰색 벽을 따라 걷다가 에스
컬레이터를 타고 2층 푸드코트로 향한다.
전에는 열 군데가 넘는 가게들이 있었지만 현재 남아 있는 곳은 라멘집뿐.
썰렁하고 휑한 식사 공간에는 나랑 엄마 둘뿐이다. 묘한 해방감마저 느껴지는
적막한 분위기 속에 아침 식사로 라멘을 먹는다.
식사 후에는 소화도 시킬 겸 몰 안을 걷는다. 흰 벽이 끝없이 이어진다. 군데
군데 생뚱맞게 휴식 공간이 마련되어 있다. 소파에서 노숙자 같아 보이는 초

로의 남자가 자고 있다. 우리 말고 이날 처음 본 손님이다. 에스컬레이터 옆에 커다란 관엽식물이 놓여 있지만 화분 밖으로 뻗어 나온 아이비의 이파리 끝부분은 노랗게 말라 있다.

"우리 집에 데려가면 살 수 있을 텐데…." 엄마가 중얼거렸다.

에스컬레이터에서 내리자 펫샵이 나왔다. 주변 점포는 다 비어서 하얀 벽으로 둘러싸인 느낌이다. 처음 오픈했을 때에 비하면 케이지 안에 있는 동물도 판매하는 용품도 절반 가까이 줄었다. 손을 유리창 가까이 가져가자 안에 있는 동물들이 내 손가락 끝을 따라 움직인다. 여기 남겨진 아이들은 어떻게 되는 걸까.

걷다 지쳐 통로에 놓인 소파에 둘이 나란히 앉았다. 피곤한 기색이 역력한 청소부가 지나간다. 깨끗하게 닦인 바닥이 조명을 반사해 반짝거린다. 밝다. 하얗다. 넓다. 우리 말고는 손님이 아무도 없다.

"심심해 죽겠다. 매일매일 재밌는 게 하나도 없네."

"응…."

불평을 늘어놓는 엄마한테 건성으로 대답하는 평일 낮의 풍경.

이해 겨울, 아카리는 또다시 가출했다.

엄마 통장에서 100만 엔을 인출해 그 돈으로 집을 구하고 일할 곳을 알아볼 계획이었다. 하지만 비즈니스호텔에 체크인한 순간 핸드폰 전화벨이 울렸다.

엄마는 100만 엔을 도난당했다고 경찰에 신고했으니 당장 돌아오지 않으면 범죄자가 될 거라고 아카리를 협박했다.

아카리가 남기고 간 편지: 2013년 12월

엄마, 미안. 나는 모레 집을 나갈 거야. 갑자기 놀라게 해서 미안해. 일단은 진정하고 이 편지를 읽어줬으면 해. 그러면 내 행동이 조금은 이해가 될 거야. 가장 먼저 말하고 싶은 건 엄마한테 상처를 주려고 이런 일을 벌이는 건 아니라는 거야. 예전처럼 '엄마한테서 벗어나 자유롭게 살고 싶어서'라든지 '엄마랑 싸우고 홧김에'라든지 그런 유치한 이유로 집을 나가는 건 아니야. 센터시험이랑 의대 2차 시험이 끝나면 꼭 돌아올게. 그러니까 날 믿고 기다려 줘.

벌써 5년 전 일이긴 한데 엄마가 수면제 과다 복용으로 병원에 실려 갔을 때, 의식을 잃고 병원 침대에 누워 있는 엄마를 보면서 온몸이 바들바들 떨렸어. 내가 엄마를 힘들게 해서 이런 일이 벌어졌다는 생각을 하니까 너무 겁이 나고 무섭더라.

그 후로 지금까지 4년 반 동안 엄마가 평온한 나날을 보낼 수 있도록, 최대한 부딪칠 일을 만들지 않도록 조심하며 살아왔어. 매일 옆에서 엄마를 챙기고 병원에도 같이 다니면서 자식으로서 해야 할 도리를 다하고 있다고 생각했어.

하지만 올해 2월에 아빠가 두 차례 담낭 수술을 받는 걸 보고 내 생각이 틀렸다는 사실을 깨달았어. 연금을 받으며 생활하는 미국 할머니가 입원비를 대주는데 정작 딸인 나는 돈이 없어서 아무 도움도 줄 수 없다는 게 너무 한심하게 느껴지더라.

생각해 보면 엄마가 아빠랑 결혼해서 가정을 꾸리고 나를 낳았을 때보다 지금 내가 나이가 더 많잖아? 그런데 나는 아직도 아르바이트나 하면서 엄마 등골을 빨아먹으며 살고 있으니…. 5년 전 아빠는 "네가 곁에 있으니 엄마는 행복할 거다"라고 했지만 자식이 백수인 데다가 미래도 불투명한 지금 같은 상황에서 부모가 진심으로 행복하다고 느낄 수 있을까?

그래서 부랴부랴 직장을 알아봤지만 나이도 많고 자격증도 없는 나 같은 사람을 정규직으로 뽑아 줄 만큼 세상은 호락호락하지 않더라. 이력서를 넣는 족족 다 떨어지니 너무 힘들었어. 그래도 내가 포기하지 않은 건 이번에야말로 무슨 일이 있어도 내 손으로 내 미래를 개척해서 당당하게 세상을 활보하고야 말겠다고 굳게 마음먹었기 때문이야.

사실 지금까지 창피해서 말은 못했지만 엄마가 마트에 장 보러 갈 때 동네 아줌마들이랑 마주치지 않으려고 피해 다니는 거 알고 있었어. 기껏 고생해서 딸을 사립 학교에 보내놨더니 이 나이가 되도록 아르바이트나 하고 있으니 엄마 입장에서는 당연히 부끄러웠겠지. 그걸 가지고 뭐라고 하려는 게 아니야. 나라도 길에서 우연히 고등학교 동창을 만나면 창피해서 고개를 숙이고 못 본 척 그냥 지나갈 테니까. 이런 한심한 인생에서 이제 그만 벗어나고 싶어! 떳떳하게 고개를 들고 거리를 걷고 싶어! 안정된 직업을 갖고 싶어! 그렇게만 되면 평생 성실하고 착실하게 살 거야. 그러기로 결심했어.

내가 고민 끝에 올해 3월에 처음 간호사가 되고 싶다는 말을 꺼냈을 때, 엄마가 좋은 생각 같다고, 엄마도 찬성이라고 말해 줘서 기뻤어. 하지만 4월에 간호학과에 가겠다고 하니까 바로 반대했지. 아빠도 뜬구름 잡는 얘기라고만 하고. 하긴 그럴 만도 하지. 아무리 간호학과라고는 하지만 고등학교 졸업하고 9년 동안 계속 떨어진 의대에 다시 도전하겠다는 말을 진지하게 받아들일 사람이 얼마나 되겠어. 나도 그때는 반대를 무릅쓰면서까지 도전할 생각은 없었기 때문에 일단은 마음을 접었어. 원래 계획했던 대로 전문대 간호학과를 2년 다니고 졸업한 후 준간호사로 일하면서 계속 공부해서 정간호사 국가시험을 보면 될 거라고 생각했지. 하지만 내가 준간호사로 일하기 시작할 때쯤이면 다른 동료들은 다 20대 초중반인데 나만 30대일 거잖아? 사람들 말로는 그렇게 되면 윗사람 입장에서도 나는 뭘 시키기가 껄끄러울 존재일 테고, 설령 몇 년 후에 정간호사 자격증을 딴다고 하더라도 나이에 비해 경험이 부족해서 병원 내에서 입지를 다지거나 출세하기는 어려울 거라는 의견이 많더라. 그러니 이왕 간호사가 될 거라면 남들보다 나이 면에서 불리한 만큼 학력이라도 제대로 갖추어야겠다는 생각이 들었어. 의대에 진학해서 정간호사 자격을 따고 추가로 보건사나 조산사 자격까지 딴 다음에 가능하다면 그대로 대학 병원에 남아서 일하고 싶어. 꼭 대학 병원이 아니더라도 장차 어디서 일하게 되든 의대를 졸업한 간호사에 대한 처우가 훨씬 좋대. 2년제 간호대를 나와 준간호사로 일하면서 다시 몇 년씩 공부해서 정간호사가 되는 것보다 4년제 국립대 의대를 다니면서 재학 중에 정간호사 자격을 따는 편이 훨씬 더 확실하고 안전한 선택지인 것 같아.

　나는 현역으로 의대에 합격하지 못하고 자포자기해서 지금까지 9년이나 되는 시간 동안 엄마를 힘들게 해 왔잖아. 엄마의 불면증과 메니에르병은 다 나 때문에 생긴 거라고 생각해. 그런 내가 다시 의대에 도전하겠다고 하니 엄마 입장에서는 그야말로 잊고 있던 악몽이 되살아나는 느낌이었을 거야. 당연히 어이가 없었겠지. 화도 났을 테고. 이 문제로 엄마가 나를 아무리 욕해도 나는 엄마를 원망하지 않았어. 오히려 진학 얘기를 꺼내서 엄마한테 스트레스를 주는 게 미안할 지경이었으니까. 5월에 주민자치회관 일을 그만두고 세탁소로 옮겼을 때 엄마는 끈기가 없다고 화를 냈지만 이미 몇 번이나 설명했듯이 자치회관은 동네 할아버지 할머니들 사랑방이나 마찬가지여서 시끄러워서 도저히 공부를 할 수가 없었어. 그에 반해 세탁소에서는 혼자 가게를 보면서 손님이 없을 때 단어 암기 정도는 할 수 있을 것 같아서 옮긴 거야. 실제로 세탁소에서 일하면서 수학 공식, 영단어, 각종 철학 사상과 명언 등을 집중해서 외울 수 있었고 그 결과 10월 모의고사에서는 B 판정을 받았어. 간호학과에 합격할 가능성이 높아진 거지. 모의고사 결과가 안 좋으면 이번에야말로 포기할 생각이었는데 점수가 잘 나오니까 욕심이 나더라. 그래서 더 열심히 공부했어. 엄마한테 비밀로 하고 몰래 센터시험에 응시 원서를 접수한 건 미안하게 생각해. 하지만 어제 도착한 수험표를 보고 나는 결심을 굳혔어. 이제 더 이상

망설이지 않아. 1월 18일(문과 계열)과 19일(이과 계열)에 시험을 보러 갈 거야. 시험이 끝나고 며칠 후면 간호학과 판정이 나오겠지. 나는 현역 고3도 아니고 앞으로 뭘 하게 되더라도 남들과 비교했을 때 나이 면에서 많이 불리해. 아무튼 내 손으로 미래를 개척해 나가기 위해서라고는 하지만 이렇게 말도 없이 집을 나가 버려서 미안해. 시험을 보겠다는 말은 이미 봄부터 몇 번이나 했잖아. 그때마다 엄마는 표정이 안 좋아지고 화를 내고 머리가 아프다고 했지. 8월에는 더위를 먹어서 체중이 무려 4킬로그램이나 빠졌고. 그걸 보니까 엄마 앞에서는 의대 가겠다는 말을 더는 못 꺼내겠더라. 설득을 포기해 버려서 정말 미안해.

오늘 아르바이트 그만두겠다고 말하고 왔어. 내일모레 엄마가 외출하면 집을 나갈 거야. 일단은 야스시에서 자취하고 있는 친구네 집에서 지낼 생각이야. 지금까지 내 고민을 들어주기도 하고 여러모로 많이 도와준 친구야. 엄마를 설득하지 못한 상태에서 수험표를 우리 집으로 받을 수는 없으니 수험표도 친구가 대신 받아줬어. 생활비는 지금 내 통장에 4만 엔 정도가 남아 있으니 당분간은 괜찮을 것 같아. 가능하면 단기 아르바이트를 해서 돈을 벌고 싶은데 그러려면 신분증이 필요할 테니 보험증도 챙겨가려고 해. 엄마한테 반려견 두 마리를 다 떠맡긴 채 집을 나가 버리기는 너무 미안하니까 폰타는 내가 데려갈 생각이야. 친구네 빌라에서는 원칙상 반려동물을 키울 수 없지만 몰래 고양이를 키우는 집도 있으니 2~3개월 정도는 괜찮을 거래. 지붕 수리는 급하게 처리해야 하는 건 아니니까 일단 취소해 놨어. 내가 돌아와서 다시 마무리 지을게. 엄마 병원은 이번만 혼자 가야 할 것 같아. 3월 말에 갈 때는 같이 갈 수 있을 거야. 마지막으로 엄마를 위해서 안경 세척기를 사 놨어. 크리스마스 선물이야. 지난번에 홈센터 갔을 때 시티즌에서 나온 걸 갖고 싶다고 했잖아? 그래서 내가 그냥 사 버렸어. 엄마는 늘 가격을 우선시해서 이것저것 고민하다가 결국에는 정체 모를 업체에서 만든 걸 사곤 하니까. 가격이 좀 비싸더라도 제대로 된 메이커 물건을 사야 고장 나지 않고 오래 쓸 수 있어. 기왕 산 거니까 아끼지 말고 매일 사용하도록 해.

아무튼 그러니까 모레부터는 잠시 나가서 지낼 거야. 시험 때까지는 공부에만 전념할 생각이라서 연락을 잘 못 받을 수도 있겠지만 너무 걱정하지 마. 다가오는 봄에는 예쁜 꽃을 피울 수 있도록 최선을 다할게!

아카리가

추신

보험증을 가져가려고 금고를 열어 보니 와다 씨 명함이랑 보고서가 여섯 통이나 있어서 깜짝 놀랐어. 그걸 보니까 순간 머릿속이 하얘지더라. 얼마 전 공장에 견학 갔던 날도 미행을 붙였었다니…. 전혀 눈치채지 못했어. 5년 동안 내 딴에는 열심히 한다고 했는데 엄마는 나를 전혀 믿지 않았다는 거네? 내가 엄마를 버리고 집을 나갈지도 모른다고 생각한 거야? 그럴 리가 없잖아. 솔직히 아무렇지도 않다고 하면 거짓말이겠지만 지금까지 내가 한 짓도 있고 다 자업자득이라고 생각하니까 원망은 안 해. 내가 아무리 돌아올 거라고 말해도 엄마는 내가 없어졌다는 사실을 알면 바로 와다 씨한테 연락하겠지? 일단 전화선은 뽑아 두고 금고에 든 현금은 미키 마우스 토트백에 옮겨 놓을게. 이걸로 조금은 시간을 벌 수 있겠지. 그 사이에 엄마가 마음을 좀 가라앉히길 바라. 나도 지금은 너무 당황해서 생각이 정리가 잘 안 되는데 엄마가 너무 놀라지 않았으면 좋겠다. 미안. 아무튼 이 돈은 지붕 수리하는 데 쓸 돈이라는 거 잊지 마. 거듭 말하지만 나는 반드시 엄마가 있는 곳으로 돌아올 거니까 탐정을 고용하는 건 돈 낭비일 뿐이야. 만일에 대비해 내 학비가 든 통장이랑 인감도장은 내가 가져갈게. 엄마는 이 통장에 든 돈을 결혼 자금으로 사용해도 상관없다고 했지만 나는 이걸 대학 등록금으로 쓸 생각이야. 그렇게 소중한 돈을 탐정을 고용하는 데 써 버리는 건 피하고 싶으니까. 1~2만 엔이라도 쓸데없는 데에는 돈을 쓰지 않았으면 좋겠어. 지금 문득 생각난 건데 엄마가 다른 통장에서 돈을 찾아서 쓸 수도 있잖아? 돈을 못 찾으면 탐정을 고용하지도 못할 테니까 일단 집에 있는 도장은 내가 다 들고 갔다가 엄마가 좀 진정이 되면 그때 다시 돌려줄게. 어차피 도장이 없으면 찾지 못하겠지만 아무튼 돈은 절대로 통장에서 꺼내 쓰지 마. 나는 반드시 내 발로 돌아올 거야. 약속해. 친구한테 더 이상 민폐 끼치고 싶지 않으니까 미행이니 뒷조사 같은 건 하지 말아 줘. 절대로. 제발 부탁이야. 시간이 없으니 이만 가야겠다.

　편지는 거실 탁자에 두고 갈 생각이었는데 그냥 내 방 책상에 두기로 했어.

　미안해. 반드시 꼭 돌아올게.

　얼핏 보기에는 아카리가 가출하기 전에 남기고 간 편지 같지만 사실은 아니다.

　이 편지는 엄마가 컴퓨터로 작성한 글을 아카리가 손으로 옮겨 적어서 미국 할머니에게 보낸 것이다. '야스시에서 자취하는 친구'도 엄마가 자신의 시나리오를 완성하기 위해 만들어 낸 가공의 인물이었다. 추신에 등장하는 '와다 씨'는 과거 엄마가 돈을 주고 고용했던 여자 사립 탐정으로, 아카리는 스무 살 때 가출했다가 이 탐정한테 잡혀서 집으로 돌아온 적이 있었다.

　아카리가 매직펜으로 편지지에 옮겨 쓴 것을 보고 엄마는 시간에 쫓겨서 급하게 쓴 것처럼 보이게 다시 쓰라고 시켰다. 그래서 아카리는 가느다란 펜으로 같은 내용을 한 번 더 써야 했다.

　엄마는 왜 아카리에게 이런 일을 시켰을까.

　아카리의 학원비를 대주는 미국 할머니는 종종 모녀가 어떻게 지내고 있는지 근황을 물어왔다. 거기서 엄마가 생각해 낸 것이 바로 다음과 같은 시나리오였다.

9년 동안 의대 입학을 목표로 노력해 왔지만 아무리 해도 손이 닿지 않는다. 자포자기 상태에 빠져서 엄마한테도 너무 미안하다. 자식 된 도리를 다하고 독립을 향한 첫발을 내딛기 위해 1지망을 간호학과로 바꾸기로 했다. 이것은 모두 전적으로 내 의지에 따른 결정이다.

아카리가 이렇게 말하면 미국 할머니도 이해해 줄 거라고 생각한 것이다. 편지는 이를 위해 필요한 소도구였다.

아카리네 집에서는 이런 식의 퍼포먼스와 연출이 일상적으로 이루어졌다. 후에 엄마는 아카리에게 보낸 문자에서 이때의 일을 '일생일대의 거짓말'이라고 표현했다. 엄마는 항상 남들한테 어떻게 보일지, 남들이 어떻게 생각할지에 신경을 곤두세웠고, 그래서 아카리네 집에서는 엄마가 시나리오를 쓰고 아카리가 그에 따라 행동하는 것이 곧 가족의 행복을 지키는 길이었다. 아카리는 남들도 다 그렇게 사는 줄만 알았다.

엄마는 미국 할머니와 작은할머니에게 이 편지를 보여 주면서 아카리가 100만 엔을 들고 가출했다고 전했다. 두 사람은 엄마에게 이제 그만 의대는 포기하고 아카리가 원하는 대로 하게 놔두라고 타이르듯 말했다.

일주일 후, 엄마는 아카리에게 이런 제안을 했다.

"전부터 알고는 있었지만 이번 가출 소동으로 네가 얼마나 멍청한지, 그런 네가 의사가 된다는 게 얼마나 말도 안 되는 일인지 엄마도 이제 충분히 알았어."

마치 자기 자신에게 들려주듯 말하는 엄마를 보고 나는 내심 기대했다. 드디어 대학 입시에서 벗어날 수 있게 되는 걸까.

"네가 없는 동안 엄마가 많이 생각해 봤는데…."

드디어 대학 입시에서 벗어날 수 있다.

"내키지는 않지만 간호학과 정도로 타협해 줄게."

"어?"

시험을 또 보라고?

게다가 간호학과?

"센터시험까지 앞으로 한 달, 2차 시험까지 두 달밖에 안 남았지만 간호학과라면 가능하지 않겠니? 반드시 합격하도록 해. 간호학과에 가서 그냥 평범한 간호사가 아니라 조산사가 되는 거야. 너 때문에 엄마 인생을 9년이나 허비했는데 이 정도에서 타협해 주는 걸 감사하게 생각해."

"어…."

"뭐 할 말 있어?"

"아니… 설마 엄마 입에서 간호학과에 가라는 말이 나올 거라고는 상상도 못 했어. 시험을 또 보라고 할 줄도 몰랐고."

"싫으면 또 가출하게?"

"아니, 그건…."

성인이 된 직후에 가출했다가 일주일 만에 잡혀서 돌아오고, 이번에도 일주일만에 잡혀서 돌아왔다. 아카리에게는 더 이상 가출할 의지도 기력도 남아 있지 않았다.

센터시험까지 앞으로 한 달, 2차 시험까지는 앞으로 두 달…. 지금부터 시험을 다시 준비한다는 것은 결코 쉬운 일이 아니었지만 엄마 말마따나 십수 년을 의대에 집착해 온 엄마가 여기까지 양보한다는 것은 그야말로 파격적인 제안이라고 할 수 있었다. 아카리가 입시 지옥에서 벗어나기 위해서는 이 제안을 받아들이는 수밖에 없었다.

"알았어. 최선을 다해 볼게."

이런 대화를 나눈 후에 엄마가 아카리에게 쓰게 한 것이 바로 앞에 나온 편지다.

돌이켜 보면 현역 고3이었던 9년 전에도 엄마는 아카리의 센터시험 성적이 의대에 합격할 만큼 높지 않다는 사실이 분명해지자 교토대 간호학과에 원서를 넣게 한 적이 있었다. 고등학교 때 진학 상담에서 담임이 간호학과를 추천했을 때는 불같이 화를 냈지만 아무래도 엄마의 머릿속에는 줄곧 간호학과라는 선택지가 남아 있었던 모양이었다.

간호학과에 진학하더라도 조산사 과정은 한 학년에 몇 명밖에 뽑지 않기 때문에 평균 10 대 1이 넘는 높은 경쟁률을 뚫어야만 했다. 하지만 영원히 끝나지 않을 것만 같은 재수 생활을 끝내기 위해서는 달리 방법이 없었다. 집에서 제일 가까운 의대의 간호학과 외에는 원서를 넣을 생각조차 하지 않았다.

터널의 출구

아카리가 1지망을 간호학과로 바꾼 것은 12월이었다. 한 달 뒤가 센터시험이고 두 달 뒤가 2차 시험이었지만 모집 요강과 학원에서 발행하는 자료집을 살펴보니 어떻게든 될 것 같았다.

당연한 말이지만 의대에 비하면 부담이 훨씬 덜했다. 우선 센터시험과 2차 시험의 점수 배분에서부터 차이가 났다. 의학과는 센터시험 600점에 2차 시험 600점이지만 간호학과는 센터시험 700점에 2차 시험 300점으로 비교적 쉬운 센터시험 쪽 배점이 더 높았다.

센터시험에서 필수적으로 응시해야 하는 과목 수도 간호학과가 더 적었다. 과거 의학과에 지원했을 때 아카리가 응시한 과목은 국어수학Ⅰ A·수학Ⅱ B·화학·생물·영어·윤리/정치경제 총 다섯 교과 일곱 과목이었던 데 비해 간호학과 때는 국어·수학Ⅰ·수학Ⅱ·생물·영어·윤리 총 다섯 교과 여섯 과목으로 범위가 좁혀지면서 화학이 빠지고 수학과 사회의 난이도도 낮아졌다.

2차 시험에서도 의학과는 수ⅢC, 화학Ⅱ·생물Ⅱ, 자유 영작문 등 어려운 과목이 몰려 있는 데 반해 간호학과는 기본적인 영어 실력과 논문 작성 능력을 확인하는 종합 문제 스타일이었다. 의대를 목표로 10년이나 입시를 경험한 아카리가 보기에 간호학과의 허들은 상대적으로 매우 낮아 보였다. 엄마는 "이번에 떨어지더라도 내년에는 붙겠지. 아무리 멍청한 놈이라도 말이야"라며 1년 더 재수하는 것을 염두에 두고 있는 것 같았지만 아카리는 무슨 일이 있어도 올해 반드시 합격할 생각이었다.

수학Ⅰ과 수학Ⅱ는 수험생이 적어서 과거 기출문제라든지 예상 문제를 구하기가 어려웠지만 의대 입시 때 공부했던 수학Ⅰ A와 수학ⅡB에 비하면 김빠질 정도로 쉽게 느껴졌다. 다른 과목들은 지금까지와 크게 다르지 않았다.

의학과 지망이라면 센터시험에서 최소한 90% 이상은 나와야 합격을 노려 볼 수 있지만, 간호학과는 70% 이상이면 충분하기 때문에 마음이 편했다.

센터시험을 치르는 교실에서 옆에 앉은 현역 고3 수험생들은 아카리보다 아홉 살이나 어렸다. 아카리는 그들의 풋풋한 젊음을 부러운 눈길로 바라보았다.

사복을 입은 내 옆자리와 앞자리에는 교복을 입은 현역 고3들이 앉았다. 책상 모서리에 올려둔 수험표에 적힌 생년월일이 눈에 들어왔다. 다들 1990년

대생이었다. 나는 내 수험표에 적힌 1980년대라는 숫자가 보이지 않게 뒤집어 놓았다.

엄마는 내가 고등학교 졸업증명서를 우편으로 받는 것을 허락하지 않았다. 매년 고등학교에 찾아가서 서류 발급을 요청하는 것을 수치스럽게 생각했지만 그렇기 때문에 더더욱 나에게도 자기가 느끼는 것과 같은 수치스러움을 느끼도록 강요했다. 수치심이 공부에 도움이 될 거라고 생각한 것이다. 학교까지 가는 동안 내내 차 안에서 엄마의 구박과 잔소리를 들어야 했고, 학교에 도착한 후에는 행여나 아는 선생님을 만나지 않을까 마음을 졸여야 했다. 발급 신청서를 작성하는 것부터가 고문이었다. 이렇게 힘들게 손에 넣은 졸업증명서도 대학에 합격하지 못하면 결국 아무 의미 없는 종이쪼가리에 지나지 않았다. 그런 생각을 하면 참을 수 없이 허무해졌다.

교내에서 마주치는 현역 고등학생들에게서는 반짝반짝 빛이 났다. 그들과는 너무 다른 나의 어두운 현실을 보여 주는 것만 같아서 가슴이 죄어들었다. 과거의 나와 내 친구들 모습이 떠올랐다. 비참한 기분이 들어 황급히 시선을 돌렸다.

2014년 1월, 아카리는 센터시험이 끝난 후 의대 간호학과에 원서를 넣었다. 이제 남은 마지막 관문만 넘으면 드디어 자유로워질 수 있다. 기나긴 터널의 출구가 보이기 시작했다.

기술형 문제와 그룹 면접으로 구성된 2차 시험은 그다지 어렵지 않았고, 아카리는 모든 문제에 자신 있게 답할 수 있었다.

예상은 했지만 시험을 보러 온 사람들은 대부분 다 현역 같았다. 시험 결과가 좋게 나와도 나이 때문에 불리하지 않을까 걱정이 되었다.

당시 내가 속한 그룹 면접의 과제는 주어진 주제에 맞춰 토론하기였다.

4인 1조로 면접장에 들어가서 면접관 쪽을 향해 큰 호를 그리며 조금씩 떨어져 앉았다. 맞은편에는 세 명의 면접관이 앉아 있었다.

나를 제외한 수험생 세 명은 모두 교복을 입고 있었다. 짧게 친 머리에 앳된 얼굴을 한 A, 가무잡잡한 피부에 안경이 잘 어울리는 B, 긴 생머리에 여리여리하고 청초한 분위기의 C. 다들 어리고 예쁜 여고생이었다.

주제가 무엇이었는지는 기억나지 않지만 내가 좀 지나치다 싶을 정도로 원리원칙을 따졌던 것에 비해 다른 사람들의 발언은 훨씬 더 솔직하고 부드러운 인상이었다.

면접이 끝나고 돌아가려는데 A와 B가 내게 말을 걸어왔다.

"혹시 지하철 타세요?"

C는 부모가 운전하는 차를 타고 왔다고 했다.

당연히 혼자 돌아갈 생각이었던 나는 조금 놀랐다.

"네, 그런데요…."

"그럼 역까지 같이 가요."

처음 만난 사이인데도 금방 친해지고 서로를 스스럼없이 대하는 것을 보며 역시 요즘 애들은 다르구나 하는 생각이 들었다.

"그룹 면접 때 되게 어른스러워 보이시더라고요."

B가 상냥하게 웃으며 말했다.

"어… 어른스럽다기보다는 너무 깐깐하게 굴어서 귀염성이 없는 쪽에 가깝달까…. 실제로 나이가 많기도 하고…."

"전혀 그렇지 않아요!"

A가 커다란 눈동자로 나를 똑바로 쳐다보았다.

시험 분위기라든지 서로의 학교 등에 대해 이야기를 나누다 보니 A와 B가 탈 열차가 도착했다. 나와는 가는 방향이 반대였다.

"다 같이 붙으면 좋겠네요."

A가 작별 인사 대신 건넨 말이 가슴에 뭉클하게 와닿았다.

정말로 다 같이 붙으면 좋을 텐데.

합격과 해방

합격 발표는 대학교 홈페이지에 합격자의 수험 번호를 게시하는 형
태로 이루어졌다.

모니터 화면에서 내 수험 번호를 발견하고 순간 눈을 의심했다. 눈을 꾹 감
았다가 다시 떠도 같은 번호가 여전히 그 자리에 있는 것을 보니 그제야 마음
이 놓였다. 합격했다, 이제 다 끝났다, 해방이다. 가슴이 벅차올랐다.
합격 발표 확인 후 바로 아빠한테 전화를 걸었다. 울면서 "아빠, 나 붙었어!
드디어 합격했어!"라고 전하자 아빠는 "그래, 잘했어. 고생했다"라며 합격을
축하해 주었다. 아빠는 평소 좀처럼 감정을 겉으로 드러내지 않는 편이라 이
번에도 미적지근한 반응을 보일 거라는 건 어느 정도 예상한 바였다. 그래도
딸의 장래가 늦게나마 정해졌다는 사실에 안심이 되었는지 목소리에서 진한
안도감이 느껴졌다. 합격해서 정말 다행이라는 생각이 들었다.

아카리가 아버지와 이런 대화를 나눈 것은 상당히 오랜만이었다. 이
당시 아버지는 회사 기숙사가 리모델링 공사에 들어가면서 임시로 석
달 정도 아카리와 타에코가 사는 집 2층에 묵고 있었다. 하지만 아버
지와 함께 사는 동안에도 1층 현관문은 늘 잠겨 있었고, 한집에 살면
서 서로 대화를 나누기는커녕 얼굴 마주칠 일도 없었다. 합격 소식도
아카리가 업무 중인 아버지에게 전화를 걸어 알린 것이었다.
나중에 알게 된 바에 따르면 아카리는 수석 합격이었다.

합격 발표 후, 엄마는 아카리를 데리고 백화점에 갔다.

고급 정장 브랜드인 도쿄이긴 매장에서 대학교 입학식 때 본인이 입을 정장과 코르사주와 진주 목걸이를 사고, 아카리에게도 코르사주와 진주 목걸이를 사 줬다.

생일이나 크리스마스 같은 게 아니라 지망 대학 합격이라는 경사를 축하한다는 의미에서 선물을 받는 건 처음이었다. 싸구려가 아니라 고급 정장을 고르는 엄마도 행복해 보였다.

그토록 의대에 집착하던 엄마가 겨우 미련을 버리고 간호학과 정도로 타협해 준 덕분에 드디어 나도 입시 지옥에서 해방되어 남들처럼 입학식에 갈 수 있게 되었다. 여기까지 오는 데 긴 시간이 걸렸고 그 사이에 우리 둘 다 나이를 많이 먹었지만 이제 평범한 모녀 사이로 돌아갈 수 있지 않을까. 대학교 입학식이라는 경사스러운 자리에 엄마를 데려갈 수 있어서 기쁘다.

나는 자랑스러운 기분으로 입학식에 참석했다.

9년에 걸친 재수 생활이 드디어 막을 내렸다.

환경이 바뀌면 생활도 바뀔 것이다. 엄마와의 관계도….

대학에 합격했을 때 아카리의 체중은 92킬로그램까지 불어난 상태였다. 고등학교 졸업 당시 52킬로그램이었던 몸무게가 재수 중에 계속 늘어나 20대 초반에는 98킬로그램을 찍은 적도 있었다.

엄마는 돼지라고 구박하고 아버지는 폭식증이 아니냐며 걱정했지만 힘든 재수 생활 중에는 먹는 것만이 유일한 낙이었고 다이어트는 전혀 신경 쓰지 않았기 때문에 체중은 끝없이 늘어나기만 했다.

그런 생활도 이제 끝이다. 죄수 같은 생활에서 드디어 벗어나게 된 것이다.

8장

조산사가 되거라

스물일곱 살의 신입생

대망의 대학 생활이 시작되었다.

매일 아침 6시에 일어나 8시까지는 학교에 갔다.

집에서 학교까지는 1시간 정도 걸렸다. 집에서 가장 가까운 역까지 30분 정도 버스를 타고 간 다음 지하철로 갈아타서 15분, 지하철에서 내려서 다시 버스로 15분을 더 가야 했다. 길이 막히거나 사람이 많을 때는 1시간 반 가까이 걸리기도 했지만 딱히 힘들다는 생각은 들지 않았다.

간호학과 수업은 아침 일찍부터 오후 늦게까지 빼곡하게 들어차 있기 때문에 집에 돌아오면 저녁 7시 정도 되었다. 아침에 나가서 저녁에 귀가한다는 것 자체가 아카리에게는 신선한 경험이었다. 재수 생활 중에는 반나절 이상 집을 비우는 일이 거의 없었기 때문이다. 그때는 늘 집에서 엄마와 둘이 있었다.

의대 정원은 의학과와 간호학과를 합쳐서 한 학년에 200명 정도였고, 같은 부지 안에 있는 부속 병원을 찾아오는 외래 환자는 하루 평균 1300명 정도 되었다.

간호학과 건물은 서문 바로 앞에 위치했고, 야구부가 사용하는 운동장에 면해 있었다. 아카리를 비롯한 간호학과 학생들은 간호학과 건물과 일반교양 건물을 오가며 강의를 들었다. 조사할 것이 있으면 정문 앞에 있는 도서관에 가기도 했는데 아카리는 중간에 숲길을 따라 놓인 벤치에 앉아 연못을 바라보며 한숨 돌리는 시간을 특히 좋아했다.

대학에서는 동아리에도 가입했다. 분위기가 느슨하다는 점이 마음에 든 컴퓨터부에 들어가 스마트폰 사용법을 익혔다. 재수 생활 중에는 스마트폰을 금지당해서 구식 핸드폰밖에 사용하지 못했기 때문에 모든 것이 다 새로웠다.

그밖에도 현지 조사 동아리에 들어가 일용직 노동자가 모여 사는 오사카의 슬럼가, 알코올 중독자들의 모임, 호스피스, 의료 교도소 등을 방문한 후 그 내용을 정리해 학교 축제 때 전시회를 열기도 했다.

간호학과 동기들은 다들 착하고 성실했다.

아카리는 지금까지 엄마가 하는 말만 듣고 현역으로 간호학과에 들어오는 아이들은 모두 멍청하고 놀기 좋아하는 부류일 거라고 오해하고 있었다.

하지만 일반교양, 간호학, 실습, 졸업 논문, 국가시험 준비 등 빽빽한 커리큘럼을 소화하면서 의료계의 필수 인력으로 성장해 가는 간호학과 학생들에게는 확고한 목적의식이 있었고, 편차치만으로는 설명할 수 없는 능력을 갖추고 있었다. 게다가 자기들보다 열 살 가까이 나이가 많은 아카리를 따돌리지도 않았다.

다른 학생들처럼 치마나 원피스를 입기는 왠지 부끄러워서 집 근처 쇼핑몰에서 구입한 캐주얼한 옷을 입고 동기, 선후배, 동아리 사람들과 함께 밥을 먹으러 가거나 놀러 다니기도 하면서 대학 생활을 즐겼다.

점심시간에는 동기나 동아리 사람들과 빈 교실에서 잡담을 나누며 주먹밥이나 빵을 먹었다. 학생 식당은 사람이 많아서 항상 오래 기다려야 했고 밥값도 더 비쌌기 때문이다.

대학에 들어간 후 엄마와의 관계도 크게 변했다.

엄마가 변했다.

엄밀히 말하면 합격 발표가 나고부터 조금씩 태도가 바뀌다가 대학 입학을

계기로 모녀가 동시에 새 출발을 한 느낌이었다.

재수 중 엄마와의 관계는 최악이었다.

엄마는 악마 같은 간수였고 나는 비굴한 죄수였다. 엄마는 나를 비웃고 욕하고 질책했다. 나는 거짓말을 하고 엄마의 비위를 맞추기 위해 애썼다. 서로가 서로를 미워하고 상대가 죽기를 바랐다. 좁은 집과 집 근처에 있는 마트와 쇼핑몰이 우리 생활의 전부였다.

대학에 들어간 후에는 관계가 차츰 개선되기 시작했다. 엄마의 태도는 눈에 띄게 부드러워졌고 나는 난생처음 평온함을 느꼈다. 엄마는 더 이상 나를 비웃지도 비난하지도 않았다. 나는 거짓말을 하지 않게 되었다. 더 이상 서로를 미워하지 않고 건강하고 평온한 미래를 꿈꾸었다.

엄마는 사교적인 성격으로 변했고, 친구와 외출하는 일이 늘었다. 나랑 둘이서 여기저기 여행도 함께 다녔다.

성적에 관해서도 과다한 요구를 하는 일이 없어졌다. 대학교 성적은 A, B, C, D, F 총 다섯 단계로 나뉜다. 시험이 있는 과목에서는 90점 이상이면 A, 80점 이상이면 B, 70점 이상이면 C, 60점 이상이면 D를 받았다. 재수할 때 같았으면 반드시 A를 받아 오라고 했을 텐데 엄마는 D만 받지 말고, 조산사 코스를 선택해야 하니 그에 걸맞은 성적을 받으라고만 했다.

수석으로 입학한 아카리에게 간호학과 수업은 그다지 어렵게 느껴지지 않았다. 대학 4년을 통틀어 평균적으로 B와 C 중간 정도의 성적을 유지했고, 성적 장학금을 받기도 했다.

수업이 끝난 후에 어딘가 들렀다 오거나 주말에 외출해도 엄마는 화를 내지 않았다. 재수생 때는 생각도 못할 일이었다.

【17시 16분발 버스 타고 갈 거야】

【오케이~ 엄마는 긴지 데리고 산책 나갔다가 방금 들어왔어 ♪ ^□^】
【피곤하겠다😊 17시 39분발 지하철을 타게 될 것 같아】
【여기는 지금 비가 내리다 말다 하고 있어☂】

아카리는 매일 귀가 시간을 엄마에게 문자로 보고했고, 엄마 기분이 좋은 날은 이모티콘이 들어간 답장이 왔다. 때로는 필요한 물건을 사 와 달라고 부탁하기도 했다. 아카리가 바라던 대로 평범한 모녀 사이에 가까워지고 있는 느낌이었다.

겨우 손에 넣은 평범한 모녀 사이

아카리가 대학에 간 후 예전처럼 학원에 데려다주거나 점심을 준비할 필요가 없어진 엄마는 미키 마우스가 등장하는 '디즈니 썸썸'이라는 모바일 게임에 빠졌다. 재수하는 동안 엄마한테 그토록 혼이 나고 구박도 많이 받았지만 아카리는 엄마가 외로워하지는 않을까 신경이 쓰였다.

그래서 쉬는 날에는 가능한 한 엄마와 함께 지내려고 노력했다. 제일 자주 간 곳은 운영 주체가 바뀐 후 예전의 활기를 되찾은 쇼핑몰이었다.

주말에는 거의 엄마와 함께 시간을 보냈다.
아무래도 나이 차이가 많이 나는 동기들과는 어울리기 힘든 부분도 있었고, 평일에 함께 지내지 못한 시간을 벌충한다는 의미도 있었다.
집 근처 마트나 쇼핑몰에서 쇼핑을 하고, 엄마 취미인 정원 가꾸기를 거들기도 하고, 당일치기나 1박 2일로 여행을 가기도 했다. 엄마가 친구 만나러 갈 때 같이 가자고 해서 따라간 적도 있었다.

오전 10시가 넘어서 쇼핑몰에 도착하면 주차장은 이미 80% 정도 차 있다. 다행히 경차 전용 주차구역에 빈자리를 발견하고 안도의 한숨을 내쉬었다.

마트에 온 사람들로 북적이는 통로를 지나 에스컬레이터를 타고 2층 푸드 코트로 향한다.

엄마는 자리에 앉기가 무섭게 핸드폰을 꺼내 게임을 하기 시작했다. 나는 라멘 코너에 가서 2인분을 주문한 후 진동벨이 울리자 다시 가서 받아 왔다. 엄마는 식사를 마치고 다시 게임을 재개했다. 나는 다 먹은 그릇을 반납한 다음 엄마와 주위의 눈치를 살피며 트위터를 했다. 집에서는 스마트폰을 쓸 수 없기 때문에 엄마와 함께 외출한 이 시간이 내게는 매우 소중하다. 옆 테이블에 앉은 사람들이 바뀌고 점심시간이 가까워지면서 주위가 붐비기 시작했지만 엄마는 게임을 멈추지 않는다.

이윽고 테이블이 다 찼다. 유아차를 끌고 아기 띠를 맨 젊은 엄마가 와서 "저… 혹시 다 드셨나요?" 하고 조심스럽게 묻자 엄마는 그제야 게임을 멈추고 자리에서 일어났다.

9년이라는 시간 동안 딸이랑 단둘이서 집 안에만 처박혀 있던 엄마는 마음의 재활이 필요해 보였다. 예전에 비하면 친구들과 보내는 시간이 많이 늘기는 했지만 완전히 홀로서기해서 누군가의 엄마가 아닌 한 사람의 인간으로 살아가기는 어렵지 않을까 싶었다. 시간이 얼마나 걸릴지는 모르겠지만 언젠가 엄마가 혼자 설 수 있게 될 때까지 내가 옆에 있어 줄 생각이었다.

나는 어릴 때 엄마가 내게 해 준 것처럼 열심히 여행 계획을 세웠다. 엄마는 대규모 테마파크를 좋아했기 때문에 도쿄에 있는 디즈니 리조트라든지 오사카에 있는 유니버설 스튜디오 재팬 등을 방문했고, 교토와 오키나와에도 갔다.

우리는 오랜 기간 서로를 증오했고 상대가 죽기만을 바랐을 정도지만 이제는 평범한 모녀 사이가 되어 함께 웃을 수 있게 되었다. 엄마와 함께 셀카를 수백 장도 넘게 찍었다. 엄마가 즐거워하는 모습을 보는 게 좋았다.

1학년에서 2학년으로 올라가고 이윽고 3학년이 되면서 간호사로서 선택할 수 있는 여러 가지 길이 보이기 시작했다. 만화 『블랙 잭』을 좋아했던 아카리는 외과 수술을 담당하는 수술실 간호사가 되고 싶었다. 간호학과 입학 당시 엄마가 조건으로 내건 조산사와는 다른 길이었다. 이 차이가 후에 커다란 비극을 초래하게 된다.

입학 전부터 수술실 간호사에 대해 어렴풋이 관심은 있었지만 실제로 대학 부속 병원에서 일하는 수술실 간호사가 직접 강의하는 내용을 듣고 보다 명확한 목표를 갖게 되었다.

강사는 입원, 마취, 수술, 회복에 이르는 수술 전후 전 과정에서 요구되는 간호의 역할에 대해 설명한 후 이렇게 덧붙였다.

"간호라는 행위는 되도록 환자의 인상에 남지 않는 것이 가장 좋습니다."

침습이 큰 수술을 받는 환자의 경우 최대한 부담을 줄여주기 위해 다양한 처치를 하게 되는데 이러한 처치 내용은 보통 인상에 남지 않는다. 환자의 인상에 남는다는 것은 곧 환자에게 부담이 되었다는 것을 의미한다.

간호사는 의료 종사자 중 환자와 가장 가까운 위치에 있는 존재이니 인상에 남는 것이 당연하다고 생각해 온 나에게 수술실 간호사가 한 말은 가히 충격이라 할 만했고, 대단히 매력적으로 다가왔다.

실습에서 부속 병원 병동을 돌며 실제로 환자들과 접할 기회를 갖게 되면서 수술실 간호사가 되고 싶다는 마음은 점점 더 강해졌다.

나는 다른 동기들처럼 환자를 성심껏 보살피는 일에는 적합하지 않았다. 산모와 아기보다 제왕절개라는 수술 자체에 더 관심이 갔다. 대학 부속 병원이라는 이름에 걸맞게 최신 설비를 갖춘 근미래적인 공간에서 반짝반짝 빛나는 각종 기구와 기계를 능숙하게 다루는 수술실 간호사는 너무나도 멋있어 보였다. 나는 수술실 간호사가 되고 싶었다. 환자의 인상에 남지 않아도 상관없었다. 좋은 환경에서 배운 것을 실천하고 싶었다. 배우고 실천하고 배우고 실천하고의 반복. 실패는 절대로 허락되지 않는다는 긴장감. 이보다 보람 있는 일이 또 있을까.

초등학교 때는 블랙 잭이 되고 싶었다. 머리가 나빠서 결국 블랙 잭이 되지는 못했지만 피노코는 될 수 있지 않을까. 피노코는 블랙 잭의 유능한 조수다. 어린 시절의 꿈을 내 분수에 맞는 형태로 실현하는 것이다.

동경하던 흰 가운도 입게 되었다.

실습용 가운은 흰색 블라우스에 흰색 바지를 매치한 고전적인 스타일이었고, 소매에 남색 실로 대학 이름이 새겨져 있었다.

가운은 집에 가져가 세탁했다. 날씨가 좋으면 앞마당에 널어서 말렸는데 이웃들이 바람에 나부끼는 흰 가운을 볼지도 모른다고 생각하면 괜스레 우쭐해졌다.

수업을 담당하는 간호사들이 입고 있는 부속 병원 유니폼은 동경의 대상이었다. 처음 유니폼을 입은 날은 기쁘기도 하고 긴장되기도 하고 부끄럽기도 해서 하루 종일 가슴이 콩닥거렸다.

아카리네 대학 부속 병원의 간호사 유니폼은 파란색 스크럽(V넥) 상의에 흰색 바지로 된 심플한 디자인으로, 유명 여성 브랜드 와코루에서 만든 것이었다. 병원의 대표색인 파란색을 기조로 삼아 목덜미 부분에 꽃무늬를 넣는 등 디테일한 부분까지 세심하게 신경을 쓴 것이 마음에 들었다.

일반교양, 의학과와의 합동 수업, 간호학, 실습, 졸업 논문….

단순히 책상에 앉아 수업을 듣고 문제를 푸는 것이 아니라 주어진 과제를 해결하기 위해 스스로 조사하고 이론을 세워 증명하는 적극성이 요구되었다.

고등학교 때까지는 대학에 가기 위한 공부를 했다면 대학에서는 지적 호기심을 충족시킨다는 느낌이었다.

그중에서도 특히 아카리가 흥미를 느낀 분야는 수술과 해부였다. 바로 눈앞에서 접하는 인체의 신비에 마음이 끌렸다. 실습 때 수술실 견학을 간다든지 의학과에서 하는 해부 실습을 견학하는 과정에서 자연스럽게 수술실 간호사가 되고 싶다는 생각을 갖게 되었다.

실습을 마친 후에는 밤을 꼬박 새우며 간호 기록을 작성했다. 아무리 열심히 써도 매번 지도 간호사에게 부족하거나 빠진 부분을 따끔하게 지적당했고, 때로는 울면서 다시 쓸 때도 있었다.

지도 간호사는 아카리와 비슷한 또래 같아 보였다. 전혀 신경이 쓰이지 않았다고 하면 거짓말이겠지만 간호사가 되려면 피할 수 없는 시련이었다. 그나마 다행인 것은 힘들 때 힘들다고 말할 수 있는 동기가 있다는 사실이었다. 동기들은 모두 좋은 간호사가 되기 위해 최선을 다했고 환자들도 협력해 주었다.

장장 10년에 걸친 재수 생활 동안 미움받고 멸시당하고 아무도 도와주지 않는 상황 속에서 힘들다고 털어놓을 상대조차 없었던 것에 비하면 간호 실습은 천국이나 다름없었다.

약속을 또 어기다니!

비로소 자신이 세운 목표를 향해 나아가기 시작한 아카리에게 엄마가 다시금 강압적인 요구를 하기 시작한 것은 대학교 2학년 말, 조산사 과정 선발 시험에 떨어졌을 때부터였다.

조산사가 되는 것은 간호학과에 입학할 때 엄마와 한 약속이었다. 아카리는 지원자 대상 설명회에 참석하고 선배들에게 출제 경향에 대해 조언을 구하고 대학 도서관에서 기출 문제를 풀어 보는 등 최선을 다해 노력했지만 결과는 불합격이었다.

그것이 엄마의 화를 불러왔다.

3학년으로 올라가기 직전 봄, 캠퍼스 내 게시판에 합격자 수험 번호가 나붙었다.

내 번호는 없었다.

합격자 수험 번호가 적힌 A4 용지를 스마트폰으로 찍어서 '내 번호는 없어. 미안. 불합격이야'라는 메시지와 함께 엄마한테 보냈다.

내 번호가 없다는 사실을 확인한 순간에는 뽑히지 못했다는 실망과 충격에 가슴이 쿵 내려앉았다. 하지만 시험 전까지의 나 자신을 돌아보고 합격한 동기들을 떠올려보면 당연한 결과라는 생각도 들었다. 모성간호와 소아간호 선생님들은 내가 조산사에 어울리지 않는다고 판단했다는 말이니까 그 의견에 따르는 게 맞지 않을까. 내가 산모나 아기보다 제왕절개라는 수술에 더 관심이 가는 건 사실이니까.

하지만 엄마는 포기하지 않았다. 어디까지나 내게 조산사가 될 것을 요구했다. 대학을 졸업한 후에 조산사 학교에 들어가라고 한 것이다.

"조산사가 된다는 조건으로 대학에 보내 준 거니까 조산사가 되지 않을 거면 대학도 당장 때려치워!"라고 협박했다.

"엄마랑 한 약속을 또 어기다니! 이 거짓말쟁이 같으니라고! 쓸모없는 년! 나가 죽어!"

대학에 들어간 후 겨우 평범한 모녀 사이로 돌아갔다고 생각했던 두 사람의 관계는 이때부터 다시 삐걱거리기 시작했다.

이 시기에 한 가지 사건이 터졌다. 아카리는 통학 시에 버스와 지하철을 이용했는데 버스 탈 때 편의점 복사기로 위조한 회수권을 사용한 것을 들켜서 경찰에 넘겨진 것이다.

아카리의 교통비는 버스 정기권과 지하철 정기권을 합쳐서 세 달에 3만 엔 정도였다. 엄마는 매번 투덜거리며 돈을 내줬다.

"정말로 이렇게 비싼 교통비를 낼 만한 가치가 있는 건지 모르겠구나."

"엄마가 돈을 내주는 걸 당연하다고 생각하지 마."

"평범한 간호사나 되라고 비싼 돈 내주는 게 아니라는 걸 명심해."

특히 집에서 지하철역까지 가는 버스 정기권이 세 달에 1만 3500엔 정도로 비싼 편이었기 때문에 수업이 적은 달은 정기권을 구입하지 않고 회수권을 사용했다.

내가 부족해서 싫은 소리 듣는 건 어쩔 수 없지만 조금이라도 횟수를 줄일 수는 없을까? 이렇게 단순하게 생긴 회수권은 나라도 만들겠다. …한번 만들어 볼까?

회수권을 위조하게 된 것은 그런 우발적인 충동에서였다.

위조한 회수권을 버스 기사에게 들킨 아카리는 경찰서로 보내졌지만 경찰에서는 학생증으로 신원을 확인한 후 아카리를 풀어 줬다. 그날 학교에서 실습이 있다고 하자 경찰차로 학교까지 데려다주었다. 수업이 끝난 후 다시 경찰서에 들러 조사를 받고, 추가로 하루 더 조사를 받았다.

지금까지 위조 회수권을 사용해서 부정 승차한 금액은 엄마가 대신 변상하고 모녀가 함께 버스 회사를 찾아가서 잘못을 빌었다.

이 일로 엄마는 격노했고 조산사가 되라는 압박은 점점 더 심해졌다.

조산사가 되기 위해서는 간호학과에서 조산사 과정을 선택하는 것 외에 졸업 후 다시 조산사 학교에 들어가 조산사 자격을 따는 방법이 있다. 매년 5만 명 이상이 합격하는 간호사 자격시험에 비해 조산사 자격시험의 합격자는 2천 명 정도로 훨씬 적다. 게다가 조산사 학교는 모집 정원 자체가 적기 때문에 입학 경쟁률도 3 대 1 정도로 높은 편이다. 간호학과에 다니면서 조산사 학교 입시 준비를 병행하는 것은 쉽지 않은 일이었다.

아카리는 엄마의 강요로 인해 또다시 입시 준비에 쫓기게 된다. 3학년 가을에 본 조산사 학교 공개 모의고사에서는 B 판정을 받았다.

하지만 그다음에 본 모의고사 결과가 엄마의 분노에 불을 지폈다.

4학년 가을에 치른 조산사 학교 공개 모의고사 결과가 나왔다. D 판정. 합격 가능성 희박함. 엄마는 미친 듯이 화를 냈다.

"이럴 줄 알았으면 바보처럼 여행 따위 다니지 않았을 텐데!"

"어…?"

엄마가 무슨 말을 하는 건지 이해가 가지 않았다.

"무슨 소리야?"

엄마는 흥분해서 마구 떠들었다.

"처음부터 불행의 낭떠러지로 굴러떨어질 줄 알았으면 바보처럼 그렇게 큰

돈 써가며 여기저기 돌아다니지 않았을 거야! 돈 낭비, 시간 낭비! 아아, 정말
이지 네가 이런 등신인 줄도 모르고 지금까지 대체 뭘 한 거람. 엄마랑 한 약속
을 지키리라 믿고 너랑 같이 실실 웃으며 돌아다닌 과거를 깨끗하게 지워 버
리고 싶다!"

바보 같다…. 돈 낭비, 시간 낭비…. 같이 웃으며 돌아다닌 과거를 지워 버리
고 싶다….

여행지에서 함박웃음을 짓고 있는 엄마와 나를 찍은 사진이 머릿속에 떠올
랐다.

"하지만 여행이랑 모의고사 결과는 아무…."

"닥쳐."

"…."

"조산사가 될 능력도 없는 너 같은 등신이랑 같이 돌아다닌 게 부끄럽다."

망치로 머리를 세게 얻어맞은 느낌이었다. 이제야 겨우 평범한 모녀 사이가
되어 함께 웃을 수 있게 되었다고 좋아한 내가 바보 같았다.

엄마는 조산사가 되겠다는 약속을 지킬 수 있는 딸, 지킬 수 있을 거라고 믿
은 딸과 여행을 간 것이었다. 조산사가 되지 못하는 딸과 여행을 간 것은 돈과
시간을 낭비하는 바보 같은 짓이었고 창피해서 지워 버리고 싶은 과거일 뿐이
었다.

슬펐다. 조산사가 되겠다는 약속을 지키지 못한 나는 엄마한테는 자식도 아
니었다.

현관에 놓인 디지털 액자에 엄마와 내가 웃고 있는 얼굴이 떠올랐다가 사라
졌다.

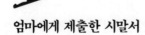

엄마에게 제출한 시말서

이때쯤부터 엄마의 말과 행동에서 이상한 점이 눈에 띄기 시작했다.

조산사 학교 입학시험과 관련해서 하루는 "1차 필기시험에 붙으면 2차 면접 준비를 바로 시작해야겠다"라고 희망에 차서 말하는가 하면 또 하루는 "어차피 붙을 리가 없잖아!"라며 버럭 화를 냈고, "조산사 학교 따위 붙어도 하나도 기쁘지 않아!"라든지 "(병원에 일반 간호사로 취직하면) 죽어 버릴 거야, 내가 병원에 찾아가서 아주 난리를 피울 거야, 병원에 발도 못 붙이게 해 주겠어!"라고 말한 적도 있었다.

어떻게 하면 엄마 상태가 괜찮아질지, 왜 이런 말을 하는 것인지, 엄마 속을 알 수가 없었다.

애초에 엄마가 왜 그렇게 조산사에 집착하는지도 의문이었다. 사건 조사 과정에서 경찰이 아카리네 집에서 압수한 물건 중 시말서가 있다. 손으로 쓴 비슷비슷한 내용의 문서가 총 네 통 발견되었는데 각각의 날짜는 다음과 같다.

2017년 11월 2일 (목)

2017년 11월 10일 (금)

2017년 11월 24일 (금)

2017년 11월 28일 (화)

이 중 11월 28일자 문서에는 이렇게 적혀 있었다.

타카사키 타에코 님

시말서

생각해 보면 제 수많은 악행의 시작은 초등학교 때로 거슬러 올라갑니다. 이웃 주민의 차에 낙서를 한 것부터 시작해서 초등학교 때와 중학교 때는 자신의 욕망을 이기지 못해 가족과 타인을 가리지 않고 절도를 행했으며 고등학교 때는 부진한 성적을 감추기 위해 성적표를 위조하고 보충 수업을 빠지고 가출을 일삼는 등 이루 다 헤아릴 수가 없을 정도입니다. 고등학교를 졸업한 후에도 멋대로 학원을 빠지며 방만한 생활을 계속했고 집에 있는 돈을 훔쳐서 가출을 하는 등 대학에 들어갈 때까지 10년 동안 어머니께 폐만 끼치며 살았습니다. 대학 입학 후에도 수업에서 F를 받고 조산사 코스에 떨어지고 급기야는 버스 승차권을 위조해 경찰서에 잡혀가는 일까지 벌어졌습니다. 다행히 불기소로 끝나기는 했지만 검찰 송치라는 씻을 수 없는 오점을 남기고 말았습니다. 지금까지 훌륭히 잘 키워 주셨는데 이런 짓을 저질러서 정말 죄송합니다. 또 시험이 코앞에 닥친 이번 모의고사에서 도저히 있을 수 없는 점수를 받았습니다. 문제가 생길 때마다 매번 어머니께 심한 마음고생을 시키고 경제적 부담을 지우고 제가 미성년자일 때는 저 대신 상대방 앞에서 고개 숙여 사과하게 만드는 등 정신적으로도 큰 고통을 겪게 해 드린 점에 대해 진심으로 사죄드립니다.

제가 왜 이렇게 오랜 기간에 걸쳐 어머니를 힘들게 하는 것인지 생각해 보면 그때그때 이유는 조금씩 다르지만 역시 저의 자기중심적인 사고방식과 앞뒤 가리지 않고 행동하는 성급함, 의지박약과 책임감 결여, 뻔뻔하고 몰상식한 저의 본성이 원인이라 사료됩니다. 나이 서른이 넘어서도 버릇을 고치지 못하고 여전히 어머니를 힘들게 하고 있다는 사실에 그저 죄송스럽고 송구할 따름입니다. 또 모의고사에서 형편없는 점수를 받은 것은 여름방학 때부터 스마트폰을 하느라 공부할 시간을 충분히 확보하지 못한 것이 가장 큰 원인이라고 생각되는 바, 그 점도 깊이 반성하고 있습니다.

악행을 저지를 때마다 저는 제 잘못을 숨기기 위해 거짓말을 밥 먹듯이 하고 때로는 전혀 상관없는 외할머니까지 끌어들여서 사태를 더욱 악화시켰습니다. 그러고는 당장 눈앞의 사태를 모면하기 위해 앞으로는 잘하겠다며 어머니가 납득할 만한 조건으로 약속을 하고 그 약속을 아무렇지도 않게 어기곤 했습니다. 정말 죄송합니다.

조산사 학교 입학(원래는 조산사 코스 합격)은 대학 입학 당시 어머니가 내건 조건이었고, 어머니는 이 조건을 지킬 수 있다면 대학에 보내 주겠다고 한 것이었는데 저는 아직까지 결과를 내놓지 못하고 있습니다. 지금 이 상황은 어머니와의 약속을 어기고 있는 것이나 다름없기 때문에 하루라도 빨리 합격할 수 있도록 최선을 다해 노력하겠습니다. 또 조산사 학교에 들어가는 것은 지금까지 긴 세월 동안 제가 저지른 악행에 대해 갚아 나가는 하나의 출발점에 지나지 않는다고 생각합니다. 조산사 학교 합격은 끝이 아니라 시작이라고 할 수 있습니다. 조산사 학교에 합격한다고 해서 지금까지의 잘못을 전부 용서받을 수 있는 것은 아니라고 생각합니다. 조산사가 되지 못하고 일반 간호사가 되어 도망치는 일은 절대로 하지 않겠습니다. 만에 하나 올해 조산사 학교 입학시험에 합격하지 못한다 하더라도 내년에 다시 도전할 생각입니다. 이러한 각오를 굳게 다지고 시험까지 얼마 남지 않은 시간을 1분 1초도 허투루 쓰지 않고 합격을 향해 매진하겠다는 다짐의 증표로 이 글을 써서 제출합니다.

정말로 죄송합니다.

타카사키 아카리

이 문서 역시 엄마가 쓴 내용을 아카리가 손으로 옮겨 적어 제출한 것이었다. 예전에 가출했다가 돌아왔을 때 엄마가 초안을 작성한 편지를 아카리에게 옮겨 적게 한 것과 같은 방식이었다.

한편 아카리는 같은 해 7월 부속 병원 간호사 채용 후보자 선발 결과, 합격 통지를 받았다. 이대로만 가면 이듬해 3월에는 무사히 졸업해 간호사로 일할 수 있게 된 것이다.

병원에는 간호사용 기숙사도 따로 마련되어 있었기 때문에 아카리가 꿈꾸던 자취도 가능했다.

엄마도 간호사 채용 시험을 보는 것 자체는 막지 않았고 합격했다는 사실도 알고 있었지만 아무 말도 하지 않았다. 두 사람 사이에서는 간호사 채용은 패스하기로 암묵적 합의가 이루어진 것이나 마찬가지였고 어디까지나 조산사 학교에 들어가는 것이 목표였다. 그런 상황에서 가을이 되어 조산사 학교 합격이 불투명해지자 엄마는 다시금 아카리를 거세게 비난하고 구박하기 시작했다.

![검은색 칼 모양 장식]

새벽 3시에 무릎 꿇고 사죄하다

12월 들어 두 사람 사이에 결정적인 사건이 터졌다. 아카리가 엄마와 연락하는 용도로 사용하는 스마트폰 외에 몰래 한 대를 더 가지고 있었다는 사실을 들킨 것이다.

엄마는 한밤중에 화가 나서 고래고래 소리를 지르며 아카리의 스마트폰을 빼앗아 앞마당으로 뛰쳐나갔다. 스마트폰을 땅에 내려놓고 시멘트 블록으로 내리치자 유리 파편이 사방으로 튀었다.

엄마는 아카리를 마당으로 끌고 나와 무릎을 꿇렸다.

혹한의 어둠 속에서 잠옷 바람에 양말만 신은 채 땅바닥에 엎드려 머리를 조아리는 아카리. 엄마는 그 모습을 자신의 스마트폰으로 찍었다. 아카리는 이때 찍힌 사진 네 장을 재판에서 증거 자료로 제출했다.

엄마의 스마트폰에 남아 있는 기록에 따르면 해당 사진이 촬영된 시각은 새벽 3시 25분에서 26분 사이인 것으로 밝혀졌다. 무릎을 꿇고 앉아 있는 사진과 양손과 머리를 땅바닥에 대고 있는 사진이 각각 두 장씩 찍혀 있었다.

무릎 꿇고 비는 아카리 뒤로 벽에 기대어 놓인 노란색과 분홍색 대형 곰인형 두 개가 보였다. 5년 전에 엄마가 중고물품 판매점에서 사온 것이었다.

아카리는 스마트폰과 함께 자신의 마음도 산산조각이 난 것만 같았다.

언제까지 이런 생활을 계속해야 하는 걸까. 하루빨리 집을 나가고 싶었다. 하지만 만약 이대로 일반 간호사로 취직해 버리면 엄마한테 어떤 식으로 복수를 당하게 될지 알 수 없었다.

지금까지 몇 번이나 가출을 했었고 경찰 신세를 진 적도 있다는 사실이 직장에 알려지면 해고당할지도 모른다는 생각이 들었다.

예상되는 미래에 평온한 생활이란 존재하지 않았다. 아카리는 절망했다. 이튿날에는 기대하던 동아리 송년회가 예정되어 있었지만 결국 참석하지 못했다.

새해가 밝았다. 2018년 1월 18일, 아카리는 교토의료센터 부속 교토 간호조산학교 입학시험을 보러 갔다. 당일 발표된 결과에 따르면 수험생 쉰세 명 중 스물다섯 명이 합격했고, 아카리는 48등으로 불합격이었다.

아카리는 겉으로는 엄마 말에 따르는 척했지만 사실 조산사 학교에 갈 마음은 조금도 없었다. 대학 부속 병원에 채용이 확정되었으니 4월부터 간호사로 일할 생각이었다. 서른한 살이 되어 처음으로 엄마에게서 벗어나 독립하게 되는 것이다. 아카리는 그날이 오기만을 손꼽아 기다렸다.

1월 22일에는 채용 건강 검진이 예정되어 있었고, 26일까지 각종 서류를 제출해야 했다.

하지만 엄마는 아카리가 간호사가 되는 것을 절대로 허락하지 않을 터였다.

조산사 학교에 합격할 때까지 다시 몇 년이고 재수를 반복해야 할 것이다. 엄마는 그렇게 강요할 것이 틀림없었다.

악마 같은 간수와 비굴한 죄수.

또다시 반복하게 되는 것이다.

그 지옥 같은 나날을.

9장

노란색 컵

엄마와 딸의 LINE

2017/10/18: 조산사 모의고사 D 판정을 받은 후

엄마

과거에 너와 라인으로 주고받은 내용을 다시 읽어 보니 새삼스럽지만 근본적인 의문이 드는구나. 1년 전 대학 내 조산사 과정 선발 시험에 떨어졌을 때, 엄마가 구박하자 넌 "하지만 난 조산사가 되고 싶지 않은걸"이라고 했어. 그러고 나서 엄마가 조산사 학교에 진학할 것을 '강요'하는 바람에 사실은 싫었지만 그 조건을 받아들일 수밖에 없었던 너는 조산사 학교에 떨어지자 이번에도 "강요당해서 열심히 할 마음이 들지 않았다"라고 했지. 중고등학교 때도 지금도 남한테 강요당하면 의욕이 사라진다는 이유로 대충 하는 시늉만 하다가 실패하고, 혼나면 적반하장으로 나오고, 말로만 제대로 하겠다고 약속하고, 또 실패하고, 또 적반하장으로 나오고, 또 말로만 약속하고… 이 과정을 계속 반복하고 있어. 너를 대학에 보낸 후에도 지금껏 엄마의 바람은 하나도 실현되지 않았어. 엄마가 이 사실을 대체 어떻게 받아들여야 하니?

딸

엄마한테는 미안하게 생각하고 있어. 조산사 학교 입학이라는 목표는 어떻게든 실현할 수 있도록 노력할게.

엄마

십수 년 동안 쌓여온 엄마의 울분과 의혹이 지금 이 몇 마디로 해결될 것 같니? 네가 엄마를 얼마나 만만하게 생각하고 있는지 알 만하구나.

딸

물론 몇 마디 말로 해결되지는 않겠지만 엄마의 울분과 의혹을 해결할 방법은 이것밖에 없다고 생각해.

엄마

이거가 뭔데? 늘 말로만 열심히 하겠다고 하는 그거? 그 말 하나로 납득하라고? 정말이지 그 놈의 패턴은 변하지를 않는구나. 넌 엄마 마음을 몰라. 엄마가 지금까지 너 때문에 얼마나 힘들어해 왔는지. 네가 하기 싫다고 하면 강요는 하지 않을 생각이다. 어차피 조산사 학교에 들어가겠다는 약속은 지켜지지 않을 테니까. 절대로. 그러니 엄마도 널 결코 용서하지 않을 거야!

딸

엄마가 얼마나 힘들었을지 나도 잘 알아…. 하기 싫은 것도 아니야. 엄마한테는 그저 미안할 따름이야.

엄마

지금까지 단지 네 엄마라는 이유로 몇 번이나 학교에 불려가서 고개를 숙이고, 경찰에서 연락이 왔을 때도 내 잘못도 아닌데 굽신거리며 사과해야 했어. 나라고 좋아서 그랬겠니? 그런데 넌 엄마한테는 그런 일을 하게 만들어 놓고 자기는 하기 싫다고 노력할 생각도 안 하고, 실패한 후에는 스스로 원한 게 아니라서 할 마음이 들지 않는다는 말이나 늘어놓고 있으니 그런 제멋대로인 사람 말을 누가 믿겠니? 이번에도 엄마가 보는 앞에서만 노력하는 척했을 뿐 전부 다 거짓말이었어. 엄마랑 한 약속은 그저 집에 들어오고 싶어서, 따뜻한 침대에서 자고 싶어서 임시방편으로 둘러댄 말이었겠지. 엄마를 속이고 외할머니를 속여서 눈에서 피눈물이 나게 만들어놓고 또 아무렇지도 않게 거짓말을 계속하는구나. 어떻게 사람이 너처럼 모질고 독할 수 있는지 모르겠다.

지금 이 라인도 너한테는 아무 의미 없는 문자의 나열일 뿐이겠지….

2017/11/7: 학교에서 집으로 돌아오는 중

엄마

달리 갈 데가 없으니 넌 오늘도 어쩔 수 없이 집에 돌아오겠지만 솔직히 말해서 엄마는 네가 안 돌아오면 좋겠다. 집 안 분위기를 이렇게 망쳐 놓고 엄마를 불행하게 만드는 너 같은 딸은 필요 없다. 십수 년을 고생해서 열심히 키워놨더니 은혜를 원수로 갚는 것도 정도가 있지 이건 정말 너무하다고 생각하지 않니? 너 같은 범법자는 차라리 죽어 버리면 홀가분할 것 같다. 농담이 아니라 진심으로!

하지만 원래 나쁜 놈일수록 남한테 피해를 주고 자기 욕심만 채우면서 설령 지옥에 떨어지더라도 어떻게든 끝까지 살아남는 법이지. 너는 아무렇지도 않게 상대의 뒤통수를 치는 괴물이야.

내가 진짜 분하고 억울하고 원통해서 못 살겠다!

땅에 떨어진 신뢰는 다시 회복할 수 없어. 그래도 망가진 집 안 분위기를 완전히 끝장낼 것인지 어떻게든 원상 복구할 것인지는 너 하기에 달렸어! 앞으로도 계속 네 멋대로 할 거면 그때는 너 죽고 나 죽자로 가는 거니까 단단히 각오해야 할 거다.

딸

집 안 분위기를 망쳐 놓고 엄마를 불행하게 만든 책임을 통감하고 있어. 어떻게든 원상 복구할 수 있도록 노력할게.

2017/12/20: 스마트폰을 한 대 더 가지고 있었다는 사실을 들켜서 무릎 꿇고 사죄한 후

엄마

방에 들어가서 한 시간쯤 지났는데 아직도 엄마가 내건 조건에 대해 원망하고 있니? 아니면 엄마한테 복수할 새로운 방법을 모색 중이니? 가고 싶으면 가. 엄마한테 스마트폰을 들키지만 않았으면 갔을 거잖아. 어차피 진심으로 반성하고 있는 것도 아니면서! 속으로는 전혀 아닌데 겉으로만 반성하는 척하는 게 무슨 의미가 있겠니. 그러니 내일 동아리 송년회에는 가도록 해. 그게 네가 원하는 거잖아. 아까 네 입으로 내일 송년회 가고 싶다며. 지금까지 답장이 없다는 게 내일 송년회에 미련이 남았다는 증거 아니겠니. 괜히 반성하는 척할 필요 없다.

딸

얼마 남지 않은 조산사 학교 입학시험에 합격하는 것을 최우선으로 삼아 그때까지는 인스타그램도 완전히 끊고 공부만 할 생각이니 앞으로 한 달만 더 집에서 공부하게 해 주세요. 물론 조산사 학교 입학이 끝이 아니라 시작이라는 건 잘 알고 있어. 모의고사 결과가 나왔을 때부터 조산사 학교에 들어가는 건 조산사가 되겠다는 약속을 지키기 위한 출발점이라고 생각했고, 지금도 그 생각에는 변함이 없어.

엄마

앞으로도 엄마가 진심으로 웃을 일 따위는 없을 거다. 몇십 년을 너한테 시달리고 배신당하고 나니 이제는 미래를 긍정적으로 바라볼 기운도 없구나. 조

산사 학교 입학이 끝이라고 생각하든 말든 네 마음대로 해라. 너를 향한 불신, 그리고 네게 입은 상처와 트라우마는 평생 지워지지 않을 거다.

딸

몇십 년 동안 나 때문에 엄마를 힘들게 만들어서 정말 미안해. 조산사 학교 입학이 끝이라고는 생각하지 않아. 정말이야.

엄마

지금껏 이런 식의 대화를 몇 번이나 반복해 왔는지 모르겠다. 네가 엄마를 속이는 게 이게 마지막일 거라고는 생각되지 않는구나. 내 악몽과 트라우마는 앞으로도 계속되겠지.

인스타그램, 만화책, 절도… 이것들이 너를 유혹하고 엄마 인생을 망친 주범이 아닌가 싶다. 앞으로도 평생 원망할 거다.

딸

응….

2017/12/24: 대학 자퇴 강요

엄마

대학에 보낸 의미가 없어졌으니 자퇴하고 다 너 좋을 대로 하면서 살아라. 이 정도면 대학 생활은 충분히 즐기지 않았니? 이렇게 불효만 할 거면 그냥 나가 살아라.

딸

자퇴는 안 할 거야.

엄마

네가 일을 핑계로 엄마를 내팽개쳐 두면 엄마의 분노는 다시 폭발할 거야. 매일매일이 불행하기만 하고 즐거운 일은 하나도 없으니까.

너랑 엮였던 동안 엄마 인생은 내내 불행했고 배신과 실망과 굴욕으로 점철되어 있었으며 그저 시간 낭비일 뿐이었어. 환갑을 눈앞에 둔 지금도 엄마는 너무 불행해!

딸

나랑 엮였던 동안 엄마 인생이 내내 불행했고 배신과 실망과 굴욕으로 점철되어 있었으며 그저 시간 낭비일 뿐이었던 데다가 지금도 내가 엄마를 괴롭히고 있다는 사실에 대해 정말 미안하게 생각해.

엄마

지금까지 너한테서 이런 반성의 메시지를 수도 없이 받았지만 결국 매번 속기만 하다 보니 그냥 임시방편으로 내뱉는 말이라는 생각밖에 안 드는구나. 그래도 또 다른 스마트폰을 찾아내서 부술 날을 기대하며 조금만 더 살아 볼까 한다.

2017/12/26: 조산사 학교 입학시험 원서 제출을 앞두고

엄마

아침부터 밤까지 엄마한테 싫은 소리 듣는 게 싫으면 이 집에서 나가! 너도 나도 각자 빈손으로 다시 시작하자고!

딸

엄마가 나를 구박하는 건 내가 잘못해서 그런 거니까 한 번도 싫다고 생각한 적 없어. 오히려 매일 싫은 소리 하게 만들어서 미안해. 견학 끝났어. 이제 오사카역으로 가서 열차를 탈 거야.

엄마

집에 들어올 필요 없어. 어차피 하루 종일 스트레스 푼다고 여기저기 싸돌아다니기나 했겠지. 원서 낼 준비 따위 할 생각도 없으면서 거짓말이나 하고!

딸

거짓말 아니야. 원서 낼 준비는 하고 있어. 엄마가 시켜서 하는 건 그만두라고 했지만 시켰는데도 하지 않는 건 더 나쁜 거잖아.

엄마

이제 와서 네가 무슨 짓을 하든 무슨 말을 하든 상관없어. 제멋대로인 너한테 휘둘리느라 날려 버린 내 피 같은 시간, 에너지, 자존심, 꿈, 희망, 어느 것 하나 돌이킬 수 없으니까! 죽어 버려!

딸

내 책상 위에 놓인 보라색 바구니에 아빠한테 전달해야 하는 용돈이 들어 있으니까 18:30까지 신문함에 넣어놔 줘. 나는 오사카역에서 17:30발 열차를 타고 돌아갈 예정이야.

엄마

시끄러워! 죽어 버리라고!

딸

대학에 증명서 발급 신청했어. 아빠가 환급금을 신문함에 넣어 놨대. 집에 돌아가고 싶으니 제발 허락해 주세요.

엄마

엄마 인생을 엉망진창으로 만들어 버린 주제에! 평소에는 거들떠보지도 않으면서 부탁할 게 있을 때만 엄마를 찾지! 너 같은 건 그냥 길바닥에서 얼어 죽어 버렸으면 좋겠다!
지금 어딘데?

딸

학교야.

엄마

이렇게 늦을 거라는 말은 없었잖아! 이 시간에 집에 온다는 건 집안일은 아예 할 생각이 없다는 거지? 아아, 폰타가 성가시게 굴어서 미치겠다. 화장실에 가고 싶어 하는 것 같은데 밖에 내놓으마.

딸

미안해. 엄마 대답을 기다리고 있었어…. 금방 돌아갈게. 그래도 시간이 좀 걸릴 테니까 폰타는 적어도 차 안에라도 들어가 있게 해 줘.

엄마

싫어! 너랑 폰타는 운명 공동체야. 너는 나를 거들떠보지도 않는데 나라고 네가 키우는 개를 챙기고 싶겠니? 다 뿌린 대로 거두는 거야!

딸

최대한 빨리 돌아갈게!

엄마

내 차는 너희 침대가 아니라고! 네가 지금까지 엄마한테 얼마나 매정하게 굴었는지 생각해 봐라. 이게 다 자업자득이야. 바보 같은 개가 시끄럽게 짖어대서 죽겠다.

2018/1/12: 조산사 학교 입학시험 일주일 전

엄마

아침부터 어디 갔니? 학교 아니야? 조산사 학교 입학시험까지 일주일밖에 안 남았는데…. (,ᐟ_)σ

딸

열차가 지연돼서 아직 학교 가는 중이야. 걱정 마.

엄마

흠. (θoθ;) 요즘 수상한 외출이 잦은 것 같은데 네 그 잘난 신념을 지키겠답시고 엄마한테 또 거짓말을 하고 엄마 눈에서 눈물 나게 하면 그 대가는 제대로 치러야 할 거다. (ʼωʼ)

딸

알아. 엄마가 말하는 그런 신념 같은 거 없어.

2018/1/18: 조산사 학교 입학시험 당일

딸

시험 끝났어! 기초간호는 그럭저럭 괜찮은 편이었는데 소아간호는 역시 어렵더라~ 그래도 시간 안에 다 풀기는 했어. 이제 출발해.

엄마

그래? 제발 기적이 일어나게 해 달라고 열심히 빌었는데 시험이 어려웠다니 현실적으로 합격은 기대하기 어려울 것 같구나…. 엄마도 사우나 가려던 건 취소하고 아침부터 마음을 졸이며 네 연락이 오기만을 기다리고 있었다. 계속 이대로 가만히 있으면 점점 더 우울해지기만 할 것 같으니 욕조에 물이라도 받아서 들어가야겠다.

2018/1/19: 조산사 학교 불합격

딸

간호학과에 입학하기 전부터 막연하게나마 수술실 간호사가 되고 싶다는 생각을 했었고, 실제로 간호사 채용 시험에도 합격하고 나니 조산사가 되겠다는 의지가 조금 약해진 건 사실이야.

엄마

그래서?

딸

내년에는 반드시 엄마한테 조산사 학교 합격 통지서와 조산사 면허를 보여
줄 수 있도록 열심히 해야겠다고 생각하고 있어.

엄마

네가 원하는 대로 됐으니 이제 만족하니? 어디 한번 솔직하게 말해 보렴!

딸

만족하다니. 그런 거 아니야. 이번에 합격하지 못해서 정말 미안해.

엄마

네가 이런 식으로 고집을 피울 때마다 엄마는 정말이지 죽을 것 같다. 그래
도 너는 아랑곳하지 않고 계속 고집을 피우지. 그 결과 우리 모녀의 관계가 틀
어지고 있다는 거 알고는 있니?

딸

나도 알아. 그래서 다음번에야말로 반드시 합격할 수 있도록 최선을 다해
노력할 생각이야.

엄마

네 고집 때문에 엄마는 또다시 불행의 구렁텅이에 빠져 버렸어! 네가 고집
을 피우면 엄마는 불행해져! 아직도 모르겠니? 네가 뭘 안다고 하는 건지 모
르겠구나! 입으로만 알았다고 하다가 결국 또 배신할 거면서! 그냥 시간 끌려
고 이러는 거잖아!

엄마가 없는 인생을 살다

사건은 조산사 학교 입학시험에 떨어진 다음날, 1월 20일 새벽에 일어났다.

엄마는 핸드폰 게임을 하면서 아카리를 심하게 질책했다. 경찰에서 스마트폰 사용 내역을 조사한 결과, 타에코는 20일 새벽 1시 56분에 디즈니 썸썸, 2시 6분에 버블 2, 2시 16분에 포코포코를 플레이한 것으로 확인되었다.

엄마는 아카리에게 한바탕 욕을 퍼부은 후 평소처럼 마사지를 시켰다. 아카리는 엄마가 마사지를 받다가 잠든 것을 확인하고 미리 준비해 둔 흉기로 목을 찔렀다.

아카리는 새벽 3시 42분, 자신의 트위터 계정에 '몬스터를 무찔렀다. 이제 안심이다'라는 글을 올렸다. 아카리에게 있어서 범행은 엄마로부터 해방되어 엄마의 간섭 없이 자기 인생을 살아 나가기 위해 반드시 해야만 하는 일이었다.

다음 날, 아카리는 홈센터에 가서 시체를 토막 내는 데 필요한 공구를 구입했다. 그리고 그다음 날, 누가 아카리네 집 초인종을 눌렀다. 대문 밖에 서 있는 사람은 사카가미 호나미(가명)였다. 엄마가 자주 가는 목욕탕에서 사귄 친구로, 한 손에 쇼핑백을 들고 있었다.

"어머, 아카리구나, 안녕? 이것 좀 먹어 보라고 가져왔어. 엄마는?"

"감사합니다. 엄마는 지금 안 계세요. 나중에 전해 드릴게요."

"그래, 고맙다."

호나미를 돌려보내고 어느 정도 시간이 지난 후 아카리는 엄마의 스마트폰을 꺼내 호나미에게 메시지를 보냈다.

아카리한테 연락받았어. 비어드파파 슈크림 갖다줬다며☆ 고마워 ♪ 쇼핑몰 갔었나 보네~☆ 재밌었어?
…실은 어제부터 야마구치현 이와쿠니에 와 있어. 작은어머니가 지주막하출혈로 입원했다가 어제 퇴원하셨는데 후유증이 남아서 당분간 여기서 함께 지내면서 돌봐드릴 예정이야. 언제 돌아갈지는 아직 잘 모르겠는데 돌아가게 되면 연락할게~ ♪

아카리는 엄마의 스마트폰 비밀번호는 물론 엄마가 문자를 보낼 때 쓰는 말투도 잘 알고 있었다. 그 덕에 호나미에게 전혀 의심받지 않고 메시지를 주고받을 수 있었다.

호나미는 이틀 후에도 자신이 직접 만든 오뎅과 반찬을 가지고 아카리네 집에 찾아왔다. 아카리는 이때도 호나미에게 엄마인 척하며 메시지를 보냈다.

1월 23일
호나미~ ♪ 아카리한테 들었어☆ 오뎅이랑 반찬 갖다줘서 고마워 ♪ ♪ 아카리가 먹어봤는데 간이 세지 않아서 아주 맛있다고 하네^^ 계속 집에 혼자 있어서 무서웠는데 와 줘서 고마웠다고 전해 달래☆

1월 26일
굿모닝! 어제는 호나미가 토란 조림이랑 장아찌를 가지고 왔는데 하필이면 그때 아카리가 씻고 있어서 바로 나가 보지 못했다고 들었어;; 미안;; 전에 가져다준 반찬 그릇도 아직 못 돌려줬는데 계속 받기만 해서 어떡하냐고 그러더라. 빈 그릇은 되도록 빠른 시일 내에 돌려주라고 말해 놨어! 정말 고마워! 언제쯤 집에 돌아갈 수 있을지 아직 잘 모르겠는데 호나미가 이렇게 신경 써 주니까 너무 든든해☆ 지금까지 해준 것만으로도 충분하니까 정말 더 챙겨 주지 않아도 돼….

370미터 앞에 놓인 시체

엄마를 살해한 직후에는 흥분해서 잠이 안 왔고, 이후에도 낮과 밤이 뒤바뀌어 제대로 잠을 이루지 못하는 나날이 이어졌다.

누가 시체를 발견할지도 모른다는 생각에 하루에도 몇 번씩 시체를 내다 버린 현장을 찾아가 새로 흙을 덮어씌웠다. 시체의 머리와 팔다리는 일반 쓰레기봉투에 넣어서 버렸는데 운반 중에 봉투가 터지거나 해서 들키면 어쩌나 하고 불안에 떨었다.

일주일쯤 지나자 겨우 잠은 잘 수 있게 되었다. 하지만 엄마는 꿈속에도 나와서 살아 있을 때와 마찬가지로 아카리를 욕하고 혼냈다.

매월 말이 되면 아버지가 생활비 3만 엔을 받아가기 위해 집에 왔다. 아카리는 아버지가 오는 시간에 맞춰 3만 엔이 든 봉투와 카레를 자전거 앞바구니에 넣어 놓고 엄마 스마트폰으로 문자를 보냈다.

아버지에게서 문자가 왔다.

【잘 받았어. 매번 고마워. 카레는 오늘 저녁으로 먹을게.】

아카리는 다시 엄마인 척하며 답장을 보냈다.

【카레는 내가 만든 거고 장아찌는 선물 받은 거야. 다 먹고 통은 버리면 돼.】

2월이 되어 호나미가 또 찾아왔다.

"엄마 잘 있다니? 작은어머니 간병이 많이 힘든가 보다. 최근에는 게임에서도 통 보이질 않네."

"걱정해 주셔서 감사합니다. 아마도 간병하느라 바빠서 게임 할 여유가 없는 게 아닌가 싶어요."

"아무래도 간병이 길어질 것 같은데 걱정이구나. 메시지로는 연락이 되니까 다행이긴 한데…. 아카리 너도 건강 잘 챙기렴."

이런 대화를 나눈 후 아카리는 엄마인 척하며 호나미에게 세 차례 메시지를 보냈다.

2월 4일

호나미~♪ 아카리한테 들었는데 어제는 입춘 전날이라고 김밥이랑 오뎅을 갖다줬다면서? 안 그래도 김밥 사려고 했는데 호나미가 미리 연락해 줘서 안 사고 해결했다고 좋아하더라^^ 김밥이랑 오뎅 둘 다 너무 맛있었대♪ 정말 고마워! 호나미가 신경 써서 챙겨 주는 덕분에 안심하고 작은어머니 간병에 전념할 수 있어서 진심으로 감사하게 생각하고 있어☆

2월 8일

호나미, 안녕! 어제는 야채 조림 갖다줘서 고마워! 지난번에 김밥이랑 오뎅 받고 아직 얼마 지나지도 않았는데;; 아카리가 자기는 요리를 못하는데 호나미 아줌마 덕분에 엄마가 없어도 집밥을 먹을 수 있어서 너무 좋다고 하더라. 무슨 애도 아니고;; 이번 기회에 너도 집에서 요리 좀 해 보라고 말해 놨어☆

2월 11일

샐러드 갖다줬다며~♪ 아카리는 채소를 잘 챙겨 먹는 편이 아니라 덕분에 한시름 덜었어☆ 샐러드뿐만 아니라 같이 들어 있던 파프리카도 싱싱하고 삶은 계란이랑 햄까지 곁들여져 있어서 엄청 맛있었대 ♪ 정말 고마워!

    시체를 유기한 지 일주일이 지나고 보름이 지났다. 2월 18일에 간호사 국가시험을 볼 때쯤에는 어느 정도 긴장이 풀려 이제는 괜찮지 않을까 싶었고, 가채점 결과 합격권이라는 사실을 확인하고 나니 완전히 마음을 놓게 되었다. 엄마 없이 혼자 지내는 시간은 더할 나위 없이 쾌적했고, 간호사가 되어 새롭게 출발할 준비를 하다 보니 시체가 발견되면 어쩌나 하는 걱정은 어느샌가 머릿속에서 사라져 버렸다.

    범행 한 달 후인 2월 25일은 아버지 생일이었다. 아카리네 가족은 매년 생일이 되면 서로 축하 메시지를 주고받았다. 아카리는 이미 이 세상에 없는 엄마를 대신해 아버지에게 생일 축하 메시지를 보냈다.

    엄마는 생전 아버지와 되도록이면 얼굴을 마주치려 하지 않았고, 연락할 일이 생기면 문자를 보냈다. 친구들과 연락할 때도 전화보다는 메신저 앱을 주로 사용했기 때문에 문자와 메시지만 잘 활용하면 앞으로도 들킬 일은 없을 것 같았다.

    시체는 집에서 약 370미터 떨어진 하천 부지로 옮겨서 인도에서 5미터 정도 더 들어간 덤불 속에 묻고 흙으로 덮어두었다. 그 상태에서 봄이 되어 기온이 올라가면 냄새 때문에 시체가 발견될 가능성이 높았다. 하지만 아카리는 눈앞에 펼쳐진 장밋빛 미래에 정신이 팔려 거기까지는 미처 생각하지 못했다.

신원 발각

발각은 생각보다 빨랐다.

사건으로부터 한 달 반 정도 지난 3월 10일에 시체가 발견되었고, 그것이 토막 난 시체의 몸통 부분이라는 사실이 밝혀지자 경찰은 본격적인 수사에 나섰다.

주택과 논밭이 펼쳐진 한적한 지방 도시의 분위기는 한순간에 사라져 버렸다. 아카리도 시체가 발견된 현장인 하천 부지를 지나다가 경찰관에게 이 주변에서 최근에 뭔가 이상한 일은 없었냐는 질문을 받았다.

주민들을 대상으로 탐문 수사도 진행되었다. 아카리는 3월 15일과 16일 이틀에 걸쳐 집을 찾아온 경찰에게 첫날은 엄마와 둘이 살고 있다고 했다가 둘째 날에는 엄마는 다른 곳에 살고 있다고 말을 바꾸었고, 이 일로 인해 경찰의 의심을 사게 되었다.

3월 말, 간호사 국가시험 결과가 발표되었다. 아카리는 합격이었다.

3월분 생활비를 받으러 온 아버지에게 합격 사실을 전하자 아버지는 입으로는 별말 하지 않았지만 안심한 듯 옅은 미소를 지었다.

그러고는 문득 정색을 하며 이렇게 말했다.

"이 근처에서 시체가 발견되었다는 뉴스 봤니? 너도 조심해라."

아카리는 묵묵히 고개를 끄덕였다.

아버지가 발걸음을 돌리려는데 집 앞에 주차된 경차에 뿌옇게 먼지가 쌓인 것이 눈에 들어왔다. 타에코가 살해당한 1월 20일 이후 운전할 사람이 없어 그대로 방치된 상태였지만 물론 당시의 아버지는 아무것도 눈치채지 못했다.

그 후로도 아카리는 계속해서 엄마인 척하며 아버지와 문자를 주고받았다. 엄마의 쉰아홉 번째 생일인 4월 10일에 아버지가 보내 온 축하 메시지에는 '고마워. 나는 잘 살고 있어 ♪ 내년에는 드디어 환갑이네'라고 답장을 보냈다.

그러는 사이에도 경찰은 아카리 주위로 차근차근 수사망을 좁혀오고 있었다.

몸통을 더 제대로 숨길 걸 그랬다는 후회, 엄마를 죽인 사실을 들킬지도 모른다는 공포, 어떻게든 도망쳐 보려는 마지막 발버둥⋯.

시체가 발견된 후 언론에서는 쉴 새 없이 관련 기사를 내보냈다. 아카리는 신문에서 사건에 관한 기사를 보면 모두 오려서 보관했다.

신년도가 시작되는 4월 1일부터 아카리는 병원에서 간호사로 일하기 시작했다. 평일에는 병원 기숙사에서 생활하고 주말에만 집에 돌아왔다. 기숙사는 병원과 같은 부지 안에 있었고 병동까지 걸어서 2분 거리였다. 살해 현장 및 시체 유기 현장으로부터 물리적으로 떨어지게 되자 점차 사건보다는 병원 업무에 더 신경을 쏟게 되었다. 집에 남겨진 반려견 폰타와 긴지를 돌보기 위해 주중에는 펫시터를 고용했다.

시체의 신원이 밝혀진 것은 시체가 발견된 지 두 달 후, 5월 17일이었다.

자꾸 말을 바꾸는 아카리를 수상하게 여긴 모리야마 경찰서 수사본부는 고인이 생전 자주 이용하던 마트의 CCTV 영상과 점원들의 증언을 바탕으로 1월 19일경부터 타에코의 모습이 보이지 않는다는 사실을 밝혀냈고, 이번에 발견된 시체가 타카사키 타에코일지도 모른다는 가정하에 DNA 감정을 실시한 결과, 예상이 맞아떨어진 것이다.

그로부터 약 보름 후인 6월 5일, 시가현 지방 경찰청은 체포 영장을 발부받아 아카리를 체포했다. 혐의는 시체 유기였다.

이른 아침에 연행되어 오전 내내 조사를 받고 점심으로는 편의점 도시락과 종이팩에 든 녹차가 제공되었다. 오후에도 이어서 조사를 받다가 중간에 한 번 복도에 나와 자판기에서 페트병에 든 녹차를 구입했다. 경찰관 한 명이 계속 옆에 붙어서 감시하고 있었다.

저녁 무렵 조사실 밖이 갑자기 소란스러워지더니 경찰관 몇 명이 한꺼번에 우르르 몰려 들어왔다. 나를 향한 시선에서 느껴지는 멸시와 적의가 한층 더 강해졌다.

조사관이 날카로운 눈빛으로 나를 노려보며 체포 영장을 낭독했다.

응? 타카사키 아카리? 타카사키 아카리 씨가 아니라?

경찰관 한 명이 군데군데 페인트가 벗겨진 검은색 수갑을 들고 내게 다가왔다. 철컹거리는 소리가 귀에 거슬렸다.

수갑이 너무 더러워서 차기 싫은데. 수갑이랑 연결된 파란색 노끈도 지저분해 보이고.

"손 내밀어."

뭐야, 이 무례한 말투는.

내키지 않았지만 머뭇거리며 양손을 내밀자 여경이 익숙한 솜씨로 철컹철컹 수갑을 채웠다.

수갑은 섬찟할 정도로 차갑고 무거웠다.

"미안하지만 이 녹차는 버린다."

"네? 왜요?"

"체포된 후에는 이쪽에서 준비한 것 외에는 먹지 못하게 되어 있어."

"하지만 이건 그쪽이 보는 앞에서 제 돈으로 산 거고 아직 남았는데요."

"미안하지만 규칙상 어쩔 수 없어. 물 가져다줄게."

여경이 반 이상 남은 페트병을 가져가더니 노란색 플라스틱 컵을 가져왔다. 뭐야, 이 칙칙한 노란색은. 촌스러워.

정말이지 싸구려 같아 보이는 노란색이었다.

아카리는 이날부터 오츠 경찰서 유치장에 수감되어 조사를 받게 되었다.

내가 시체 손괴 혐의를 인정한 것은 체포된 다음 날이었다.

경찰이 우리 집 욕실을 조사하면 엄마 혈액에 대한 루미놀 반응이 나타날 테니 그곳에서 시체를 토막 냈다는 사실은 숨길 방도가 없다. 그렇다면 혐의를 전부 다 부인하기보다는 시체 손괴 및 시체 유기에 대해서는 인정하고, 살인에 대해서만 부인하는 게 낫지 않을까. 머리랑 손은 절대로 발견되지 않을 테니 엄마가 식칼로 자살했다고 하자. 내가 한 짓을 엄마 스스로 했다고 하는 거다. 엄마가 자살한 이유는 내가 조산사 학교에 떨어졌기 때문이고, 나 때문에 엄마가 죽었다는 소리를 듣고 싶지 않아서 시체를 숨긴 거라고 하면 되지 않을까. 엄마의 자살을 눈앞에서 목격한다는 건 굉장히 충격적인 일이니까 세세한 부분은 기억나지 않는다고 해도 그리 이상하지 않을 것이다. 이 정도면 문제 없겠는데? 시체 손괴 및 시체 유기에 대한 증거는 있지만 살인에 대한 증거는 없으니까. 좋아, 이걸로 가자.

이런 식으로 유치장 얇은 이불 위에 누워서 밤새 시나리오를 짰다.

당신은 거짓말을 하고 있다

이날 밤에 젊은 당직 변호사가 면회를 왔지만 계속 변호를 맡기려면 사선으로 선임해야 한다는 말을 듣고 이튿날 밤에 면회를 온 국선 변호사를 변호인으로 선임했다.

체포 직후부터 경찰과 검찰은 다양한 수단을 통해 아카리의 자백을 이끌어 내려고 노력했다.

딸이 조산사 학교 입학시험에 떨어졌다는 사실을 비관해 엄마가 충동적으로 자기 목을 찔러서 자살했다는 아카리의 설명은 누가 들어도 이상했다. 여러 정황상 사실은 아카리가 엄마를 살해하고 시체를 토막 낸 것이 아닌가 의심할 수밖에 없는 상황이었다. 기나긴 재수 생활로 모녀가 서로에게 심한 스트레스를 받고 있었으니 동기는 충분했다.

아카리는 시체 유기 혐의로 16일간 조사를 받고 6월 21일에 시체 손괴 혐의로 추가 송치되었다. 아카리는 조사 내내 엄마는 자살한 것이라는 주장을 굽히지 않았지만 경찰은 이를 믿지 않았다.

"칼로 목을 찔러서 자살했다면 피가 사방으로 튀었을 텐데 현장에서 발견된 혈흔과 전혀 일치하지 않아. 자살일 리가 없다고."

"당신 어머니는 전부터 이미 몇 번이나 딸에게 기대를 걸었다가 배신당하기를 반복해 왔는데 조산사 학교에 떨어졌다고 해서 충동적으로 자살할 정도로 큰 충격을 받았다는 건 말이 안 돼."

"당신도 간호사라며? 정말로 엄마가 자살하는 장면을 목격했다면 바로 응급 처치를 하든지 구급차를 부르든지 했겠지. 시체를 토막 내는 건 범죄야. 단순히 남들한테 비난당하고 싶지 않다고 해서 할 수 있는 일이 아니라고. 당신이 자기 손으로 죽여서 토막 낸 거잖아."

"당신은 그날 있었던 일에 대해 아주 세세한 부분까지 구체적으로 진술하고 있으면서 엄마가 칼을 꺼내든 순간이라든지 목을 찌르는 장면 등 싫어도 기억에 남을 수밖에 없는 중요한 순간들에 대해서는 말을 흐리고 있어. 엄마가 자살했다는 말 자체가 거짓이니 당연히 기억이 안 나겠지."

아카리는 아무리 추궁을 당해도 끝까지 자신은 죽이지 않았다고 주장했다. 거짓말을 하는 것은 익숙했다.

형사와 검사의 지적은 하나같이 예리하고 정확했다. 어설픈 시나리오는 금세 바닥을 드러냈고, 민망함에 심장이 쪼그라드는 것만 같았다. 하지만 나는 계속해서 거짓말을 밀고 나갔다.

엄마에게서 해방되어 내 인생을 살기 위해 엄마를 죽였는데 살인죄로 교도소에 들어가고 싶지 않았다. 시체 손괴 및 시체 유기만이라면 집행유예가 나올 것이다. 살인에 대해서는 증거도 없었다.

거짓말에 수반되는 죄책감이라든지 민망함 같은 감정은 너무도 익숙했다. 지금까지 수십 년 동안 거짓말을 밥 먹듯이 해 왔으니까. 엄마는 내가 거짓말한다는 걸 다 알고 있었다. 40일만 버티자. 게다가 상대는 생판 남이 아닌가. 과거 엄마를 속였던 것에 비하면 딱히 어려울 것도 없었다.

경찰과 검찰의 공격은 계속되었다. 경찰은 아카리네 집을 압수수색해서 아카리가 초등학생 때 엄마 생일에 준 카드라든지 앨범, 디지털 액자 등 모녀의 좋았던 기억을 상기시키는 물건을 확보해서 조사에 활용했다.

"앨범을 보니 부모님한테 많이 사랑받고 자란 것 같은데 어쩌다 이렇게 된 거야?"

"당신이 어릴 때 직접 만들어서 선물한 카드가 남아 있던데. 어머니가 하나하나 다 소중히 보관하고 계셨나 보네."

"둘이서 사이좋게 여행하는 사진을 현관에 장식해 둔 걸 보니 당신한테도 엄마를 생각하는 마음이 아직 남아 있는 게 분명하다는 생각이 들더군."

하지만 이런 말들이 아카리의 마음을 움직이지는 못했다. 아카리는 어디까지나 묵비권을 행사했고, 검사는 포기하지 않고 계속해서 집요하게 설득했다.

"당신은 유치장에서 계속 생각하게 될 거야. 왜 엄마를 죽였는지. 무슨 생각이었는지. 지금 기분은 어떤지. 나는 당신 어머니 시신을 봤어. 부검 현장에 입회했거든…. 지금까지 수많은 시체를 봐 왔지만 상태가 정말 심각하더군. 어머니가 얼마나 괴롭고 슬프고 억울했을지… 당신 생각해 본 적 있어? 당연히 생각해 봐야지.

당신은 생각이라는 걸 할 수 있어. 그러니까 당신한테는 아직 희망이 있다고, 나는 그렇게 믿고 있어. 그래서 어떻게든 설득하려고 하는 거야. 모든 피의자한테 이렇게 하지는 않아. 가망이 없는 상대라면 기계적으로 필요한 사항만 체크하고 바로 기소해 버리면 끝이니까. 하지만 당신은 달라. 난 알 수 있거든. 당신을 믿어. 유치장에 돌아가서 어머니께 여쭤보도록 해. 어떻게 하면 좋겠냐고. 그리고 다음에 만났을 때 어머니가 뭐라고 하셨는지 나한테 알려줘…."

검사가 너무 필사적으로 내 자백을 받아내려고 해서 당혹스럽다…. 아마도 한 사람의 인간으로서, 누군가의 자식으로서 크게 분노하고 있는 거겠지…. 엄마를 죽여서 토막까지 냈으면서 아무렇지도 않은 나는 인간도 아닌 걸까….

둘이서 사이좋게 여행하는 것처럼 보이는 그 사진, 우리 엄마한테는 돈과 시간을 낭비하는 바보 같은 짓이었고 창피해서 지워 버리고 싶은 과거일 뿐이래요….

형사님, 그리고 검사님, 조산사가 되지 못한 나는 자식도 아닌 거라고요.

이런 나한테, 일말의 죄책감도 느끼지 않는 나한테 뭐라고 한들 소용없어요.

아카리의 조사를 주로 담당한 사람은 시가현 지방 경찰청의 40대 남자 경위와 오츠 지방 검찰청의 50대 남자 검사였는데 하루는 담당이 여자 형사로 바뀌었다. 지금까지 조사를 담당하던 남자 형사가 방에서 나가고 조사실에는 아카리와 여자 형사 두 사람만 남았다.

"아카리 씨, 오늘은 제 이야기를 좀 들어보시겠어요?"

아카리는 계속해서 묵비를 고수했다.

"저희 부모님도 교육열이 대단히 높은 분들이셨어요. 학교 성적이 안 좋다고 매일같이 혼나고 학원도 많이 다녔죠. 고등학교 때 친구들이랑 놀다가 집에 늦게 들어간 적이 있었는데 화가 난 아버지가 집에 들여보내 주지 않아서 밤새 문밖에 서 있어야 했어요. 고3 때도 재수는 절대 안 된다, 사립대는 비싸니까 안 된다, 그러니 집에서 통학 가능한 거리에 있는 국공립대에 가라고 하더라고요. 그래서 죽어라 공부해서…."

하아… 둘만 남겨 놓길래 뭔가 이상하다 싶더라니…. 오늘은 이 작전으로 가 보겠다는 건가.

법정에서의 부인

주중에 맑은 날은 아침 식사 후에 바깥 공기를 쐬면서 20분간 몸을 움직일 수 있는 시간이 주어졌다. 아카리의 기억에 따르면 유치장 직원들은 모두 친절했다. 운동 시간에 함께 대화를 나누기도 하고 식사를 가져다주고 세탁도 해 주는 고마운 존재였다.

하지만 짧은 휴식이 끝나고 나면 또다시 조사실로 가서 조사를 받았다. 형사와 검사는 잡담처럼 주고받는 가벼운 말 한마디도 그냥 넘기지 않고 어떻게든 아카리에게서 자백을 이끌어 내고자 했다.

그러기 위해서 아카리의 신변을 철저히 조사하고 아카리의 성격을 분석했다. 장난스러운 눈빛으로 아카리를 쳐다보며 "아카리는 거짓말쟁이인 데다가 제멋대로이고 소심한 편이구나"라고 하는가 하면 "집 근처 라멘집에서 A 정식 자주 먹었지? 아는 사람이 그 가게에서 일하거든"이라면서 아카리의 일거수일투족을 샅샅이 파악하고 있음을 은연중에 내비치기도 하고, 때로는 개인적인 이야기로 친근감을 불러일으키려고 하기도 했다. "아내랑 같이 극단 시키의 공연을 보러 갔었어. 나는 별로 관심이 없지만 아내가 좋아하거든."

아카리와 비슷한 또래인 여자 형사도 마찬가지였다.

"저는 대학생 때 친구들이랑 후지산에 해 뜨는 걸 보러 간 적이 있어요. 아카리 씨도 기회가 될 때 한번 가 보면 좋을 거예요."

이런 이야기를 하며 아카리의 가드를 무너뜨리려고 했다. 검사는 솔직하게 대놓고 물어보기도 했다.

"당신은 스트레스를 풀기 위해 인터넷상에서 칼이나 자살 같은 단어를 검색해 봤다고 하지만 그게 정말입니까? 예를 들어 술을 좋아하는 사람이라면 술집을 검색해 보겠지만…."

유치장에 수감된 채 결코 살인 혐의를 인정하려 들지 않는 아카리 때문에 경찰과 검찰은 애를 먹고 있었다. 결국 검찰은 살인 혐의로 입건하는 것을 포기하고 6월 26일에 아카리를 시체 유기죄 및 시체 손괴죄로 기소했다. 체포된 지 21일 만의 일이었다. 아카리는 '최대 40일'이라는 기준을 꽉 채워서 조사를 받을 것이라고 각오하고 있었지만 조사는 생각보다 빨리 마무리되었다.

일단 기소가 이루어지면 보통 3주 안에 경찰서 유치장에서 나와 구치소로 옮겨가게 되지만 아카리는 살인죄로 추가 기소될 가능성이 있었기 때문에 조사의 필요성이 인정되어 기소 후에도 계속 유치장에 남게 되었다.

기소 후 두 달이 지난 8월 21일, 오츠 지방법원에서 첫 공판이 열렸다. 검찰은 아카리가 엄마를 살해했을 가능성이 매우 높다고 보고 있었지만 이때까지 확실한 증거를 찾지 못했기 때문에 살인죄로는 기소하지 못했고 공판에서는 시체 유기죄 및 시체 손괴죄에 대해서만 다루어지게 되었다. 법정에 출석한 아카리는 당시 받은 인상을 이렇게 적었다.

우와, 사람 엄청 많다…!
놀람과 긴장. 머리로는 이것이 틀림없는 현실이라는 걸 알고 있지만 마치 드라마 속에 들어와 있는 것만 같은 기이한 비현실감.

검사가 기소장을 읽는 동안 아카리는 묵묵히 고개를 끄덕이며 듣고 있었다. 재판장이 공소 사실을 인정하는지 묻자 "사실입니다"라고 인정한 후 이어서 "하지만 저는 엄마를 죽이지 않았습니다"라고 말했다.
사체 손괴 및 유기에 대해서는 전적으로 인정하지만 살인에 대해서는 인정할 수 없다고 주장한 것이다. 재판장이 검사에게 향후 살인죄로 추가 기소할 가능성이 있는지 묻자 검사는 "9월 중에 기소 여부를 판단할 예정입니다"라고 대답했고 그날은 그대로 폐정했다. 체포한 지 두 달이 넘도록 시가현 지방 경찰청과 오츠 지방 검찰청은 아카리의 살인 혐의를 입증하지 못해 고전하고 있었다.
이대로만 간다면 체포된 다음 날 아카리가 유치장에서 짠 시나리오가 그대로 통과될 가능성도 없지 않았다.

10장

가족이니까

살인 혐의

부인과 묵비를 계속하는 아카리에게 휘둘려 입건은 크게 늦어지고 있었다. 경찰에서는 용의자가 초범인 데다가 서른두 살밖에 되지 않은 젊은 여자이니 쉽게 입을 열게 만들 수 있을 거라고 생각했을지도 모른다. 하지만 긴 세월 엄마와 함께 생활하며 거짓말을 하는 데 익숙해진 아카리의 가드는 생각보다 훨씬 더 견고했다.

결국 용의자 부인 상태에서 경찰은 9월 11일에 아카리를 살인 혐의로 재체포했다.

현장 검증 결과 타에코가 자살했을 가능성은 매우 낮다는 점, 사건 현장인 집에 타에코와 아카리 외에 다른 누군가가 드나든 흔적은 발견되지 않았다는 점, 죄수 같은 생활을 강요당했던 아카리에게는 충분한 동기가 있다는 점 등을 근거로 삼아 체포 영장이 발부되었다.

경찰과 아카리 사이에는 팽팽한 긴장감이 감돌았다. 아카리는 조사를 받는 자리에서 계속해서 묵비권을 행사했고, 9월 27일에 구금 이유를 개시(開示)하기 위해 열린 법정에서도 살인 혐의에 대한 무죄를 주장했다.

"엄마는 스스로 목숨을 끊었습니다. 제가 살의를 가지고 죽인 게 아닙니다."

"저를 붙잡아 두고 자백을 억지로 강요하는 조사는 그만둬 주십시오."

하지만 검찰은 아랑곳하지 않고 10월 2일에 아카리를 살인죄로 추가 기소했다.

기소 후 얼마 지나지 않아 아카리는 시가 구치소로 이송되었다. 모리야마 경찰서 유치장 직원은 이송 전 아카리에게 "구치소 직원들은 우리처럼 친절하지 않을 거야"라고 경고했다.

살인죄의 피고인이 된 아카리가 구치소에 도착하자 몸집이 작고 소박한 분위기의 젊은 여자 직원이 기다리고 있었다.

"이런 데 처음 왔어요?"

부드러운 말투에 조금 안심이 되었다.

구치소는 건물 자체가 매우 낡았고 아카리가 지내게 될 독방도 그다지 상태가 좋지는 않을 거라는 사실은 변호사에게 들어서 알고 있었다. 실제로 방에 들어가 보니 다다미가 깔린 바닥과 흰색 콘크리트 벽은 누렇게 색이 바랬고, 환기 덕분에 냄새는 나지 않았지만 빈말로라도 깨끗하다고 말하기는 어려운 환경이었다.

그중에서도 아카리가 가장 충격을 받은 것은 화장실이었다.

유치장 안에 있던 화장실은 유리로 가려져 있고 문도 있어서 공간이 구분되어 있었지만, 구치소 화장실은 방 안에 이동식 변기 하나가 달랑 놓여 있을 뿐이었다. 나무 칸막이로 가려져 있기는 하지만 문도 없고 휴지걸이도 없었다. 화장실 휴지는 따로 없고 질 나쁜 화장지가 하루에 25매씩 지급되었다. 그것만 가지고는 부족하기 때문에 한 달에 1500엔 정도 사비를 내고 휴지를 구입해서 사용해야 했다.

아버지의 면회

공판 전 준비절차를 거쳐 2020년 2월부터 오츠 지방법원에서 진행된 공판에서 아카리에게 적용된 혐의는 살인죄·시체 유기죄·시체 손괴죄였고, 이 중 살인죄에 대해서는 재판원재판으로 진행되었다. 하지만 아카리는 여전히 살인에 대해서는 인정하지 않았다.

굳게 닫힌 아카리의 마음을 움직인 사람은 공기 같은 존재라고 생각했던 아버지, 그리고 오츠 지방법원의 오니시 나오키 재판장이었다.

아카리는 경찰에 체포된 후 아버지가 면회 왔을 당시의 정황을 다음과 같이 적었다.

사건 후 아버지가 처음 면회를 온 것은 유치장에서 접견 금지가 일시적으로 풀린 날이었다. 아버지를 만나기가 두려웠다. 아버지가 어떤 얼굴을 하고 있을지, 무슨 말을 듣게 될지 예상이 되지 않았다. 말도 안 되는 사건에 끌어들였다는 죄책감에 아버지를 볼 낯이 없었다. 면회 전날 밤은 잠을 이루지 못했고 면회 시간이 가까워지자 도망치고 싶은 충동에 사로잡혔다.

몇 달 만에 면회실 유리 칸막이 너머로 만난 아버지는 사건 전과 크게 달라 보이지 않았다. 여전히 매사에 담담하고 무덤덤해 보였다. 그 모습을 보니 조금 마음이 놓이는 동시에 걷잡을 수 없는 죄송함이 몰려왔다.

"아빠, 죄송해요…. 이런 짓을 저질러서…." 내가 울면서 사과하자 아버지는 난처한 표정으로 쓴웃음을 지으며 "…정말이지 난리도 아니었다" 하고 힘없이 중얼거렸다.

목소리에서 진한 피로가 묻어났다. 아버지의 초췌해진 모습을 보니 그저 죄송하다는 말밖에 할 수 없었다. 눈물이 멈추지 않았다.

"어디 아픈 데는 없고? 밥은 잘 먹고 있냐?"

"응."

"아빠 생각에는 모두에게 사실대로 말하는 게 좋을 것 같구나."

"응."

아버지의 말 한마디 한마디가 마음에 와닿았지만 그래도 엄마를 죽였다는 사실을 인정할 생각은 없었다.

"변호사 선생님한테 들었는데… 필요한 게 있으면 뭐든 얘기해라."

아버지는 당연히 인륜을 저버린 딸과 연을 끊고 싶어 할 거라고 생각했기 때문에 예상치 못한 따뜻한 배려에 가슴이 뭉클해졌다.

아버지는 아카리가 유치장에 갇혀 있던 5개월, 그리고 시가 구치소에 갇혀 있던 1년 4개월 동안 한 달에 한 번은 꼭 면회를 왔다.

그뿐만 아니라 생활비를 지원해 주고 감방에 책, 옷, 생필품, 침구 등을 넣어 주고 연금을 대신 납부해 주는 등 헌신적으로 뒷바라지를 해 주었다. 미국에 있는 외할머니도 딸의 죽음을 마음 아파하면서도 손녀인 아카리의 감형을 바란다는 탄원서를 법원에 제출했다.

구치소에 들어간 지 1년쯤 지났을 때, 면회 온 아버지에게 전부터 궁금했던 것을 용기 내어 물어보았다.

"아빠는 왜 내 뒷바라지를 해 주는 거야?"

아무리 부모라고는 해도 이미 성인이 된 자식, 그것도 사람을 죽인 자식을 물심양면으로 돌봐야 할 의무는 없다. 아버지는 그냥 나와의 연을 끊어 버릴 수도 있었다. 그런데 왜?

어려서부터 지금까지 아빠는 내가 잠시 쉬어 갈 수 있는 나뭇가지 같은 존재에 불과했다. 말하자면 공기 같은 존재였기에 평소에는 거의 잊고 살았고, 한 달에 한 번 얼마 되지 않는 생활비를 전달하면서 간단히 안부 정도만 묻는 사이였다. 집에서는 엄마와 한편이 되어 아버지 흉을 봤다. 아버지가 벌어오는 월급으로 몇십 년을 살았으면서 그 사실에 감사하기는커녕 엄마의 죽음을 숨기고 아버지를 속이려고 했다. 그런데 왜?

아버지는 우리와 한집에 살지는 않았지만 지난 30년 동안 가장으로서 최선을 다해 우리 모녀를 부양해 왔다. 하지만 나는 아버지에 대해 아무것도 알지 못했다. 사건이 발각된 후에도 아버지는 회사에서 잘리지 않았다. 아버지의 직장 동료가 병원 기숙사에서 내 짐을 빼는 작업을 도와주었고, 그 동료의 아내에게는 내게 전달할 옷을 골라 달라고 부탁했다. 대체 왜?

"가족이니까."

아버지의 대답은 간단했다.

"너랑 나는 가족이니까."

가족이니까. 단지 그 이유 하나만으로.

조산사가 되겠다는 약속을 지키지 못한 나는 엄마에게는 가족이 아니었다. 하지만 아버지에게는 살인범인 나도 가족이었다. 가족이니까 챙기는 게 당연했던 것이다.

아버지는 정이 많고 배려심이 깊고 성실하고 인망도 두터운, 정말이지 존경스러운 분이다. 진심으로 믿고 의지할 수 있는 존재이고, 나에게는 과분할 정도로 멋진 아버지다.

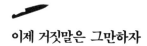

이제 거짓말은 그만하자

오츠 지방법원에서 징역 15년을 선고받은 다음 날 아침, 구치소에 접견을 온 변호사에게 아카리는 이렇게 말했다.

"(항소하지 않고) 이대로 교도소에 들어갈까… 해요."

더 이상 법정에서 자신이 저지른 범죄에 대해 추궁당하고 싶지 않았다. 진실을 말하지 않고 이대로 교도소에 가는 편이 나을 것 같았다. 하지만 변호사는 1심에서의 사실 인정 방식 및 양형 등에 문제가 있다며 항소를 권했다.

"우리는 아카리 씨가 100% 납득한 상태로 감옥에 가기를 바라거든요."

변호사가 한 말이 가슴에 남았다. 오후에 새 침구를 가지고 면회를 온 아버지는 "당연히 무죄가 될 리는 없다고 생각했다"라며 덤덤한 표정으로 말했다.

엄마가 식칼로 자기 목을 찔러 자살했다는 아카리의 주장은 아버지도 믿지 않았던 것이다.

1심 판결 후, 아카리는 몇 번이고 판결문을 다시 읽어 보았다.

【피고인은 고3 수험생 때 '죄수 같은 생활을 강요당하고 있다'라고 일기에 적는 등 자신을 억압하는 피해자에게 악감정을 가지고 있었다.】

【재수 중에는 스스로 진로를 선택할 권리를 박탈당한 채 피해자에게 지배당하며 도망도 가지 못하는 상황에 놓여 큰 스트레스를 받았다.】

【피고인은 자신에게 조산사가 되라고 강요하는 피해자에게 불만을 갖고 있었다.】

【겉으로는 피해자의 뜻에 따르겠다고 했지만 속으로는 피해자를 향한 불만과 증오가 계속 쌓여 갔다.】

【피해자에 대한 살의가 점점 강해졌지만 좀처럼 결심이 서지 않아서 실행에 옮기지는 못했다.】

오니시 재판장은 1시간 가까이 들여서 판결문을 읽어 나갔다. 나직하고 진중한 목소리가 아직도 귓가에 쟁쟁했다. 마치 엄마를 죽이게 되기까지의 과정을 재판장이 바로 옆에서 지켜보고 있었던 게 아닐까 싶을 정도였다.

"지금까지는 어머니가 깔아 준 레일 위를 걸어왔지만 앞으로는 자기 인생을 살아 나가기 바랍니다"라는 재판장의 말이 가슴속 깊이 스며들었다. 눈물이 날 것만 같았다.

자신이 얼마나 힘들고 고통스러웠는지 아무도 이해하지 못할 거라고 생각했다. 하지만 재판장과 재판원들은 알아주었다. 진실을 속이고 거짓말을 했는데도.

그 사실이 너무도 기쁘고 고마웠다. 구원받은 기분이 들었다.

이제 거짓말은 그만하자.

아버지도 변호사도 진짜 나를 받아들여 줄 것이다. 항소심에서 전부 다 솔직하게 털어놓자. 망설임은 깨끗이 사라졌다.

항소심부터는 오사카 구치소로 이송되어 독방이 아니라 단체실에서 지내게 될 가능성이 있었다. 그렇게 되기 전에 조용하고 차분한 환경에서 마무리 짓는 게 좋겠다….

아카리는 시가 구치소의 독방에서 살인을 인정하는 진술서를 써 내려갔다. 엄마를 죽이고 2년 동안 숨겨 왔던 진상을 드디어 고백하게 된 것이다. 자기밖에 모르는 살해 당시 상황을 판사가 과연 믿어 줄지, 또 얼마나 이해해 줄지 알 수 없었지만 어쨌거나 자신이 엄마를 왜 죽이게 되었는지를 솔직하게 털어놓을 수 있다는 사실에 두려움보다도 홀가분한 마음이 더 컸다.

아카리는 사흘에 걸쳐 살인을 인정하는 진술서를 완성한 후 구치소에 접견을 온 나가요시 아키라 변호사에게 보여 주었다.

"(살인을) 인정한다고요?" 변호사 세 명으로 구성된 아카리의 변호인단 중 한 명인 나가요시 변호사는 놀라움을 금치 못했다. 접견을 마친 후 아카리는 오사카 구치소로 이송되었다.

감방 동료들

오사카 구치소에서 아카리는 예상했던 대로 단체실에 들어가게 되었다. 열 평 남짓한 방에는 이미 여덟 명이 수감되어 있었고, 아카리가 아홉 번째 수감자였다. 아카리가 그곳에서 가장 친하게 지낸 사람은 자기보다 일곱 살 어린 죄수였다.

　여자는 10대 초반부터 가출과 배회를 거듭하다가 의무 교육도 제대로 마치지 못한 상태였고, 20대 때 만난 남자에게 신체적·정신적으로 지배당하며 집단생활을 하다가 남자가 일으킨 감금 및 폭행치사 사건의 공범이 되었다. 여자에게는 경도의 지적 장애가 있었으나 아무도 그 사실을 눈치채지 못했고, 그러다 보니 결과적으로 사건에 휘말리게 된 것이었다.

　아카리가 여자와 친해진 계기는 아래와 같은 대화를 나누게 되면서부터였다.

　"아카리 씨는 죽고 싶다는 생각을 한 적이 있나요?"

　"당연히 있죠. 죽고 싶어서 다리에서 뛰어내리려고 한 적도 있는데 무서워서 실행에 옮기지는 못했어요. 죽고 싶은데 죽지 못하는 스스로가 너무 한심하고 싫었는데 인간은 원래 본능적으로 살고자 하는 의지를 갖고 있으니까 언젠가 죽고 싶다는 마음이 생존 본능을 넘어서게 되면 그때는 죽을 수 있겠지…라고 생각하게 됐어요."

　"특이하네요. 지금까지 만난 사람들은 다들 '죽고 싶다는 생각은 해본 적도 없다', '죽으면 안 된다' 이런 말만 하던데. 이런 대답을 듣게 될 거라고는 생각도 못 했어요."

　아카리도 자기처럼 죽고 싶다는 생각을 한 적이 있다는 말에 친근감을 느꼈는지 여자는 아카리에게 더듬더듬 자기 이야기를 털어놓았다. 여자가 지금까지 살아온 인생은 아카리의 상상을 초월할 정도로 파란만장했지만 감방 동료로서의 그녀는 그저 세상 물정 모르는 어리숙한 소녀일 뿐이었다.

같은 방에서 지내는 사람들은 20대에서 60대까지 나이대도 다양하고 지은 죄도 저마다 다 달랐다. 아카리는 그들과 조금씩 대화를 나누는 과정에서 자식을 둔 사람이 많다는 사실을 알게 되었다.

자식이 아직 어린 사람도 있고, 이미 다 커서 성인이 된 경우도 있었다. 다들 자식 이야기를 할 때면 눈이 반짝반짝 빛났고, 자기가 저지른 잘못 때문에 자식을 보지 못하게 된 것을 후회하고 안타까워했다. 중독을 이겨 내지 못하고 약에 다시 손을 대는 바람에 감옥에 들어오게 되었다고, 아이를 목숨보다 소중하게 생각하지만 아무리 해도 약을 그만둘 수가 없었다고 말하는 사람도 있었다.

아카리에게는 자식이 없지만 엄마와의 관계를 떠올리며 스스로에게 물었다.

내게 있어서 엄마는 끔찍한 존재였다.
엄마에게 나는 어땠을까.
결코 착한 딸은 아니었을 것이다.
엄마가 느끼는 괴로움과 초조함을 내가 조금만 더 이해해 줬더라면 좋았을 텐데. 감방 사람들에게 내가 친엄마를 죽였다는 말은 도저히 못 하겠다.
나는 결코 해서는 안 될 일을 저지르고 만 것이다.

제가 죽였습니다

2020년 11월 5일, 항소심 첫 공판이 열렸다. 아카리는 증언대에 서서 변호인인 스기모토 슈헤이 변호사의 질문에 답했다.

피고인이 어머니를 죽인 것이 사실입니까?

"네."

피고인의 어머니는 피고인이 조산사가 되기를 바랐지요?

"네."

하지만 피고인은 수술실 간호사가 되어 대학 병원에서 일하기를 희망했고요?

"네."

어머니에게 조산사 학교에 가지 않고 간호사가 되고 싶다고 말한 것은 언제였습니까?

"대학교 조산사 코스에 떨어졌을 때입니다."

그때 어머니는 뭐라고 했나요?

"조산사가 되겠다고 약속하고 간호학과에 갔는데 그 약속을 지키지 않겠다는 거냐, 조산사 코스에 떨어졌다고 해서 조산사가 되지 않겠다는 건 받아들일 수 없다고 했습니다."

조산사 학교 입학을 준비하면서 모의고사 성적이 안 좋았을 때도 비슷한 말을 듣지 않았나요?

"들었습니다."

그때는 어머니가 뭐라고 했나요?

"노력이 부족해서 성적이 나오지 않은 것이니 다음번에는 제대로 노력해서 반드시 조산사 학교에 가라고, 가서 조산사가 되라고 했습니다."

본인이 어머니를 죽였다고 했는데 어머니를 죽이겠다고 구체적으로 마음먹은 것은 언제였습니까?

"원래 가지고 있던 스마트폰을 압수당해서 몰래 가지고 있던 스마트폰을 꺼냈는데 그걸 들켰을 때입니다.

엄마는 제 스마트폰을 부수면서 이런 걸 가지고 있다는 건 제대로 할 마음이 없다는 뜻이니 당장 집에서 나가라고 했습니다. 제가 이제부터 제대로 할 테니 제발 내쫓지 말아 달라고 빌자 엄마는 제게 진심을 증명해 보이라면서 무릎을 꿇렸습니다."

어디서 무릎을 꿇게 했습니까?

"마당에서요."

맨발로 말인가요?

"양말은 신고 있었습니다."

마당에서 양말만 신은 채 무릎을 꿇었다는 거군요.

"네, 맞습니다."

법원에 증거로 제출한 이 사진을 보면 촬영 일시가 2017년 12월 20일 오전 3시 25분경이라고 되어 있는데 이때 그런 일이 있었다는 말이군요.

그런데 왜 어머니를 죽이겠다는 생각을 하게 된 겁니까?

"엄마가 제 스마트폰을 시멘트 블록으로 내리치는 걸 보면서 제 마음도 산산조각이 나는 것만 같았습니다. 더 이상은 무리라고 생각했습니다.

뭐랄까… 너무 지쳐서 도저히 더는 못 버티겠다는 심정이었습니다."

그러니까 간호사가 되고 싶어서라기보다는 어머니에게서 해방되고 싶어서 죽였다는 거군요.

"맞습니다."

올해 3월 24일에 피고인이 제출한 진술서를 보면 '엄마와 나, 둘 중 하나가 죽지 않으면 끝나지 않았을 거라고 지금도 확신한다'라고 적혀 있는데 이건 무슨 의미죠?

"저와 엄마 사이의 불화는 긴 시간 동안 조금씩 쌓여 온 것이기 때문에 저를 향한 엄마의 뿌리 깊은 불신이라든지 증오와 같은 감정은 이제 와서 누가 나선다고 해서 해결할 수 있는 문제가 아니라는 뜻입니다."

흉기를 준비한 다음 날인 2018년 1월 18일, 피고인은 교토에 있는 조산사 학교 입학시험에 떨어졌습니다. 불합격 소식을 들은 어머니는 어떤 반응을 보였습니까?

"저 보고 자기가 한 약속도 안 지키는 거짓말쟁이라고 욕했습니다. 그러고는 이제 어떻게 할 거냐고 밤새 저를 다그쳤습니다."

쉬지 않고 피고인에게 욕을 해댔다는 거군요?

"네, 맞습니다."

어머니한테 그런 말을 들으면서 기분이 어땠습니까?

"이제는 정말 실행에 옮길 수밖에 없겠다고 생각했습니다."

어머니를 죽이겠다고 결심한 게 대충 그때쯤이었다는 말이군요.

"네."

마지막으로 한 번만 더 확인하겠습니다. 어머니를 죽이겠다는 결심을 굳힌 것은 정확히 언제였습니까?

"조산사 학교 입학시험에 떨어진 것을 가지고 밤새 시달리고 나니 더는 무리라는 생각이 들었습니다."

조산사 학교에 합격하면 다닐 생각이었습니까?

"네."

당장 병원에 취직하지 못하게 된 것이 불만이었다기보다는 또다시 어머니가 지켜보는 가운데 조산사 학교 입시를 준비해야 한다는 게 싫었다는 말인가요?

"네. 간호학과에 들어가기까지 9년이나 재수를 했기 때문에 이제는 나이도 있고 여러모로 힘들지 않을까 싶었습니다. 정신적으로 더 이상 버틸 자신이 없었습니다."

의대에 가기 위해 끊임없이 재수를 해야 했던 과거와 같은 생활을 다시 반복하고 싶지 않았다는 말이군요.

"네."

어머니에게 감시당하는 게 싫어서요?

"네."

판결을 듣고 생각이 바뀌었다

오츠 지방법원에서 오니시 재판장의 판결 선고를 듣고 무슨 생각이 들었습니까?

"제 딴에는 시신을 토막 내어 일반 쓰레기로 버릴 수 있는 건 버리고 나머지는 하천 부지에 묻어서 증거가 될 만한 것은 아무도 모르게 전부 인멸했다고 생각하고 있었습니다. 하지만 판결문에서는 단순히 제가 엄마를 살해했다는 사실을 인정하는 데 그치지 않고 살해에 이르게 된 과정이라든지 지금까지 저와 엄마 사이에 있었던 기나긴 갈등의 양상이 아주 자세히 드러나 있었습니다. 마치 그 자리에서 직접 본 것처럼 사소한 부분까지 정확하게 적혀 있어서 아, 이분들은 정말로 모든 걸 이해하고 계시는구나, 내가 정말로 이해받고 있구나, 하고 느꼈습니다. 엄마를 죽이기로 결심한 순간이라든지 죽이기 전에 망설였던 부분까지 정확하게 꿰뚫고 있어서 놀랐습니다. 또 제가 계속 죽이지 않았다고 거짓말을 했음에도 불구하고 오니시 재판장님이 '지금까지는 어머니가 깔아 준 레일 위를 걸어왔지만 앞으로는 자신이 저지른 죄를 진지하게 마주하고 죗값을 다 치른 후에는 자기 인생을 살아 나가기 바랍니다'라고 말씀해 주셔서 가슴이 뭉클했습니다. 저는 죄를 저질렀고 거기다 거짓말까지 했는데도 제 솔직한 심정이라든지 저와 엄마 사이에 있었던 일들을 이해해 주셨다는 게 의외였습니다."

피고인과 어머니의 관계를 이해해 줄 사람은 존재하지 않을 거라고 생각했나요?

"네, 하지만 제가 잘못 생각하고 있었다는 걸 깨달았습니다. 저는 엄마가 자살했다고 계속 거짓말을 했는데 그런데도 재판장님이 그런 따뜻한 말을 건네 주셔서 너무 감사했습니다."

다시 한번 묻겠습니다. 왜 이제 와서 어머니를 죽였다는 사실을 인정하기로 마음을 바꾼 겁니까?

"재판장님이 판결을 선고하면서 말씀하신 '자신이 저지른 죄를 진지하게 마주하라'라는 게 구체적으로 어떤 의미일지 생각해 봤습니다. 1심 판결에서 엄마의 사인은 불명이라고 되어 있는데 이것은 사실과 다릅니다. 그 부분에 대해 제대로 밝히고 제가 저지른 죄를 솔직하게 털어놓아야 한다고 생각했습니다. 하지만 용기가 나지 않았습니다.

그런데 판결이 선고된 후에 구치소에 면회를 온 아버지가 무죄가 될 리는 없다고 생각했다고 하시는 걸 보니 어쩌면 아버지는 내가 엄마를 죽였다고 해도 받아들여 주지 않을까 하는 생각이 들었고, 그렇게 생각하니 조금 용기가 났습니다. 또 변호사님들은 저와는 초면인 데다가 변호를 준비할 시간이 많지 않았음에도 불구하고 판사님과 재판원 여러분께 저희 모녀의 관계를 이해시키기 위해 최선을 다해 주셨습니다. 이분들이 항소심도 그대로 맡아 주시기로 했기 때문에 이제는 정말 제대로 말해야 할 것 같아서 변호사님께 솔직하게 말씀드렸습니다."

그래서 저희 변호인단에게 제일 먼저 어머니를 죽였다는 사실을 털어놓았다는 거군요?

"네, 맞습니다."

피고인이 살인을 인정했다는 소식은 저희 쪽에서 아버지께 전달드렸는데 아버지로부터 뭔가 연락은 있었나요?

"네, 매달 제 앞으로 영치품이랑 책 같은 걸 넣어 주시고 편지도 보내 주시는 등 물심양면으로 챙겨 주고 계십니다."

피고인은 아버지가 구치소에 면회 오는 것을 계속 거절하고 있다고 들었습니다만?

"네. 코로나 문제도 있고 오사카 구치소까지는 차로 2시간 정도 걸린다고 알고 있기 때문입니다. 현재 코로나 때문에 구치소 면회 시간이 15분으로 제한되는데 그 15분을 위해서 왕복 4시간 넘게 운전을 하고 또 고속도로 통행료까지 내야 한다는 게 너무 비효율적인 것 같아서요. 물론 편지를 보내는 것도 돈이 들기는 하지만 고속도로 통행료에 비하면 훨씬 싸니까 편지만 보내고 면회는 오지 말라고 말씀드렸습니다."

아버지를 배려해서 면회를 거절한 거군요.

"네. 대신 편지를 매달 보내 주시니까 그것만으로도 충분히 의지가 됩니다."

아버지는 피고인이 어머니를 죽였다 하더라도 앞으로도 변함없이 피고인을 돌봐줄 생각이라고 하시는데 이 부분에 대해서는 어떻게 생각합니까?

"그저 감사할 따름입니다. 사실 아버지가 이렇게까지 세심하게 저를 챙겨 주고 지원해 줄 거라고는 생각하지 않았기 때문에 조금 놀랐습니다. 진작에 아버지에게 고민을 털어놓고 상의했더라면 일이 이렇게까지 되지는 않았을 텐데 싶어서 조금 후회가 되기도 합니다.”

속죄의 눈물

다음으로 지금 생활에 대해 묻겠습니다. 구치소에서의 생활 말입니다. 시가 구치소에서는 계속 독방에 있었지요?

“네.”

오사카 구치소로 옮겨온 후에는 단체실에서 지내고 있고요?

“네.”

피고인은 대학을 졸업하고 간호사로 일하고 있었습니다. 다시 말해 교양을 갖춘 사람이라고 할 수 있을 텐데 지금 같은 방에서 함께 지내는 사람들 중에는 중학교밖에 나오지 않았다든지 약물 중독으로 교도소를 제집처럼 드나든다든지 우리 말을 제대로 하지 못한다든지 나이가 아주 많다든지 등등 다양한 유형이 존재할 겁니다. 그 사람들과 함께 지내는 건 어떻습니까?

“저는 영어를 조금 할 수 있기 때문에 우리 말을 잘 하지 못하는 사람에게 영어로 통역을 해 주거나 한자를 가르쳐 주곤 합니다. 글 쓰는 게 어렵다는 사람에게는 글 쓰는 법이라든지 편지 쓰는 법을 알려 주기도 합니다.”

자기 일을 스스로 처리하지 못하는 사람들이 있다는 말이군요.

“네. 그런 분들을 보면 최대한 도와드리려고 하고 있습니다.”

지금도 남을 돕는 일을 하고 있는 거네요.

“네, 그렇다고 할 수 있을 것 같습니다.”

물론 피고인이 어머니를 죽였다는 건 부정할 수 없는 사실이고 피고인은 그에 합당한 벌을 받아야만 합니다. 그와는 별개로 피고인은 지금도 자신이 아무 가치도 없는 인간이라고 생각합니까?

"제게는 아버지와 고등학교 때 은사님과 친구들이 있고, 또 수감자들 중에는 제 도움을 필요로 하는 사람도 있으니 전혀 가치가 없다고는 생각하지 않습니다."

죄를 지었으니 교도소에 들어가야 할 텐데 출소 후에는 어떻게 할 생각입니까?

"아버지가 저를 기다려 주고 계신 곳에서 함께 살고 싶습니다."

피고인은 앞서 오츠 지방법원에서 열린 재판에서는 울지 않았죠?

"네."

눈물을 흘리지 않았죠?

"네."

오히려 의기양양한 표정으로 피고인 질문에 대답했던 것 같은데요. 그런데 지금은 울고 있네요?

"네."

그건 무슨 눈물입니까?

"우선은 아버지께 죄송하다는 마음이 가장 큽니다. 오늘 아버지를 8개월 만에 만났는데 아무 죄도 없는 아버지를 법정에 오게 만들어서 그게 너무 죄송합니다. 또 이 자리에는 고등학교 때 은사님도 와 계십니다. 저는 친엄마를 제 손으로 죽인 인간인데 그런 저를 위해 여기까지 와 주셨다는 게 너무 감사합니다. 이렇게 고마운 사람들이 옆에 있는데도 돌이킬 수 없는 잘못을 저질러 버렸다는 후회 때문에 계속 눈물이 나는 것 같습니다."

마지막으로 묻겠습니다. 그 방향이 옳든 그르든 아무튼 피고인에게 크나큰 기대를 걸고 있던 어머니가 계셨습니다.

"네."

어머니께 하고 싶은 말이 있습니까?

"솔직히 뭐라고 용서를 빌어야 할지 잘 모르겠습니다만 일단 시신 은 아버지가 잘 묻어 주셨다고 하니 저도 출소하면 엄마 무덤 앞에 가 서 죄송하다고 말씀드리고 싶습니다."

이듬해 1월에 내려진 판결에서 아카리는 징역 10년으로 감형되었 고, 검찰 측과 피고인 측 모두 상고하지 않아 그대로 판결이 확정되었 다.

종장

두 번째 죄수 생활

감옥에서의 일상

2012년 2월, 아카리는 교도소로 이송되었다.

아카리가 지내게 된 곳은 여섯 평 남짓한 단체실로, 최대 수용 인원은 일곱 명이었다.

교도소에서의 생활은 매우 단조롭다. 특히 평일은 자유 시간이 거의 없고 일과 시간표가 빈틈없이 짜여 있어 눈 깜짝할 사이에 하루가 지나가 버린다.

평일에는 아침 6시 반에 일어나 7시 반부터 11시 반까지 노역을 한다.

11시 반부터 오후 1시까지 점심 식사를 하고 휴식을 취한 후, 오후 1시부터 4시 반까지 다시 작업을 한다. 작업 중에 물 마시는 시간, 화장실 다녀오는 시간, 10분간 대화가 가능한 휴식 시간 등이 정해져 있고, 일주일에 한두 번 30분씩 운동 시간이 주어진다.

작업을 마치면 5시 반까지 저녁을 먹고 9시까지 자유 시간을 갖게 되는데 이 시간은 속옷, 양말, 수건 등 개인용품을 빨고 정리하고 하다 보면 금방 지나간다. 그리고 밤 9시부터 다음 날 6시 반까지가 취침 시간이다.

주말은 아침 기상 시간이 7시 반으로 평일보다 1시간 더 늦다. 아침을 먹고 9시부터 11시까지 TV 시청. 점심 식사 후 12시부터 오후 1시까지 TV 시청. 3시까지 낮잠. 4시 반에 저녁 식사를 하고 7시부터 9시까지 TV 시청. 취침 시간은 평일과 마찬가지로 밤 9시다.

아카리는 자유 시간에 TV를 보거나 낮잠을 자는 대신 편지를 쓰거나 신문을 읽으며 시간을 보내는 편이다.

목욕 시간이 너무 짧아 제대로 씻을 수 없다는 점, 제공되는 식사의 양이 적고 맛이 싱겁다는 점 등 교도소 생활은 아카리가 과거 9년간 경험한 재수 생활과 여러모로 많이 비슷했다.

아카리는 작업 반장이라고 불리는 수감자에게 일을 꼼꼼하게 잘한다고 칭찬을 받기도 했다.

처음에는 칭찬을 있는 그대로 받아들이지 못했다. 칭찬받는 데 익숙하지 않았기 때문이다. 지금까지 살아오면서 엄마한테는 한 번도 칭찬을 받아 본 적이 없었다. 그러다 보니 칭찬을 들으면 기분이 좋으면서도 한편으로는 상대가 무슨 생각으로 이런 말을 하는 것인지 신경이 쓰였다.

예를 들어 수사 검사에게 글씨가 예쁘다는 말을 들었을 때는 자신을 회유하려는 속셈이라고 생각해서 더욱 경계했고, 교도소 작업장에서 일을 잘한다는 말을 들었을 때는 누구나 쉽게 할 수 있는 일인데 과장되게 칭찬을 하는 것은 뭔가 다른 의도가 있어서 그러는 것이 아닌가 하고 의심했다.

하지만 교도소에서 다양한 수감자들을 만나면서 '누구나 쉽게 할 수 있는 일'을 제대로 하지 못하는 사람도 있다는 사실을 알게 되었다.

교도소는 그런 사람들이 모인 곳이었다.

동시에 타인의 칭찬을 그렇게 경계하지 않아도 된다는 사실도 깨닫게 되었다.

서늘한 친근감

다른 방 수감자와 대화할 수 있는 것은 작업 중에 주어지는 10분간의 휴식 시간, 그리고 주 1~2회 운동 시간 때문이다. 한번은 무기 징역수라는 소문이 있는 작업 반장이 아카리에게 말을 걸어온 적이 있었다.

"아카리 씨는 시가현 출신이지?"

반장은 의미심장한 미소를 지으며 말했다. 눈빛이 날카로웠다.

"네? 어떻게 아셨어요?"

"난 아카리 씨가 1심 판결을 듣고 마음이 바뀌었다는 것도 알아."

"……."

"누구한테 들은 것도 아니고 아무한테도 말할 생각 없으니까 안심해. 그냥 난 다 알고 있었으니까 아카리 씨가 우리 작업장에 처음 왔을 때부터 열심히 해 주면 좋겠다고 생각했어."

순간 아카리는 차가운 손으로 심장을 움켜잡힌 듯한 느낌을 받았다. 서늘한 친근감. 비슷한 잘못을 저지른 사람만이 이해할 수 있는 공감대가 느껴졌다. 반장은 아카리가 2심에서 진실을 고백하게 된 경위를 신문에서 보고 기억하고 있었던 듯했다.

진심 어린 반장의 말이 아카리의 가슴 속에 잔잔하게 퍼져나갔다. 열심히 하라는 말이 기쁘고 고마웠다.

교도소에서는 수감자가 미리 신청하면 교도관과 일대일로 대화를 나눌 수 있다. 아카리도 때때로 교도관 앞에서 교도소 생활 중에 느끼는 고민이나 미래에 대한 불안 등을 털어놓고 함께 이야기를 나누곤 했다. 그러다 보면 마음이 조금 가벼워졌다.

한번은 교도관이 수감자를 '너'라고 부르는 것에 대해 이야기한 적이 있었다.

"선생님(수감자가 교도관을 부르는 호칭)이 저희를 부를 때…."

"신경 쓰여? '당신'이라고 하기는 좀 그래서 그런지 습관적으로 자꾸 '너'라고 하게 되네."

교도관도 딱히 악의가 있어서 그러는 건 아니다. 그건 알고 있지만 '너'라고 불리면 반사적으로 엄마한테 질책당하던 때의 기억이 되살아났다.

"실은 엄마가…."

"그래, 알겠다."

교도관은 아카리의 눈을 보며 고개를 끄덕였다.

"간혹 실수할 때도 있겠지만 앞으로는 최대한 '너'라고 부르지 않도록 주의하도록 하지. 나는 원래 말투가 좀 거친 편이긴 하지만 무슨 말인지는 이해했으니까."

가석방은 아직 너무나도 먼 이야기다. 수감 생활을 뒷바라지해주는 아버지와 자신의 변호를 맡아 준 변호인단에 감사하는 마음은 한시도 잊은 적이 없다. 재판에서 증언해 준 고등학교 때 국어 선생님과는 지금도 편지를 주고받고 있다. 편지에서는 주로 서로의 근황을 전하고 출소 후 어떻게 할 것인지에 대해 이야기를 나누는데 매년 1월이 되면 선생님이 그 해의 대학입학공통테스트(구 센터시험) 국어 문제지를 복사해서 빈 답안지와 함께 보내 주는 것이 아카리의 소소한 즐거움이다. 아카리가 문제를 풀어서 보내면 선생님은 자세한 설명과 함께 채점한 답안지를 다시 보내 준다.

마치 고등학교 때 국어 수업 때처럼.

엄마가 대체 왜 그렇게까지 조산사 학교에 집착했는지 그 이유는 지금도 알 수가 없다. 이런저런 추측을 해 보았지만 확실한 것은 아무것도 없었다.

하루는 제발 붙었으면 좋겠다고 말하고, 또 하루는 떨어지면 어쩌나 걱정하고, 그러다가 갑자기 합격에 회의적인 태도를 보이기도 하고, 조산사가 아니라 그냥 간호사가 되면 죽어 버리겠다고 협박하기도 했다.

엄마도 하루하루가 괴로웠을 것이다. 딸과 한 약속에 얽매여 그 약속을 지키지 않는 딸을 미워하고 원망하며 어떻게 하면 마음의 안정을 찾을 수 있을지 알지 못해 방황했을 것이다.

아카리는 무슨 일이든 흑백을 분명히 가리지 않으면 직성이 풀리지 않는 편이다. 교육 담당 교도관에게 "아카리 씨는 항상 양자택일이군요"라는 말을 들은 적도 있었다. 하지만 때로는 회색을 회색인 채 받아들여야 할 때도 있고, 도저히 흑백을 가릴 수 없는 문제도 있다.

무리해서 엄마를 이해하려고 하지 말고 그냥 엄마 곁에 있어 주었더라면.

조산사가 되겠다는 약속을 지켰더라면.

결과는 달라졌을지도 모른다.

형기를 마치고 출소하면 교회에 다닐 생각이다.

아카리는 가톨릭계 중고등학교를 나왔지만 딱히 신앙심은 없었다. 그러다가 교도소에 들어온 후 목사님 말씀을 들으면서 기독교에 관심을 갖게 되었다. 지금은 아직 자기 마음을 돌보기도 버겁지만 언젠가 기회가 닿으면 죄지은 사람이 다시 일어설 수 있도록 돕는 일을 하고 싶다고 생각하고 있다.

형기를 마치면 가장 먼저 아버지와 변호사와 고등학교 선생님을 찾아가 감사 인사를 드리고 싶다.

그때는 술도 조금 마셔 보고 싶다.

이것이 현재 아카리의 소소한 바람이다.

감사의 말

이 주제로 취재를 시작한 지 2년여가 지났다. 취재한 내용을 한 권의 책으로 완성하는 것은 많은 분들의 도움이 있었기에 가능한 일이었다.

우선 복역 중인 타카사키 아카리 씨가 감방에서 수기를 쓸 수 있도록 원고지와 필기도구를 보내 주고 정신적으로 지원해 준 아카리 씨의 아버지께 감사드린다.

그리고 공판 때부터 신세를 진 쿠로다 케이스케 변호사와 변호인단 여러분의 헌신적인 변호에 경의를 표한다.

교도통신 오사카지사 편집국 사회부에서 기사를 쓸 때 많은 조언을 해 준 데스크와 사법기자클럽 선배들, 이직 후 회사 업무와는 별도로 취재 및 집필 활동을 할 수 있도록 편의를 봐준 슬로건 주식회사 임직원 여러분, 힘들고 지칠 때마다 앞을 보고 나아갈 수 있게 응원해 준

사회인 여자 라크로스팀 NeO의 동료들, 가족 간의 갈등에 대해 허심탄회한 이야기를 들려준 친구들 등 취재에 협력해 주신 모든 분께 감사드린다.

마지막으로 나와 2년에 걸쳐 서른 통이 넘는 편지를 주고받으며 매번 꼼꼼한 수기를 작성해서 보내 준 타카사키 아카리 씨에게 진심으로 고맙다는 말을 전하고 싶다. 고인이 된 타카사키 타에코 씨의 명복을 비는 동시에 아카리 씨가 앞으로 무사히 새 인생을 개척해 나갈 수 있기를 기원하는 바이다.

저자

지은이 사이토 아야

1995년 도쿄 출생. 홋카이도대학 이학부 지구행성과학과를 졸업하고 교도통신사에 입사했다. 니가타 지국을 거쳐 오사카 지사 편집국 사회부에서 법조기자로 근무한 후 2021년 퇴사하여 작가 생활을 시작했다. 2022년 출간한《의대 9수를 시킨 엄마를 죽였습니다》로 코단샤 논픽션상 최종 후보에 선정되었다.

옮긴이 남소현

연세대학교와 이화여자대학교 통역번역대학원에서 공부하였고, 일본 문학 번역가로 활동하고 있다. 주요 번역서로《설원》,《형사의 약속》,《여섯 명의 거짓말쟁이 대학생》 등이 있다.

의대
9수를
시킨

엄마를
죽였
습니다

초판 2024년 10월 15일 1쇄
저자 사이토 아야
옮긴이 남소현
표지 일러스트 Bumpei Kii
ISBN 979-11-93324-26-4   03330

출판사 북플라자
주소 서울시 강남구 논현동 118-13 5층
홈페이지 www.bookplaza.co.kr

영화 판권, 오탈자 제보 등 기타 문의사항은 book.plaza@hanmail.net으로 보내주세요.
잘못된 책은 구입하신 서점에서 교환해 드립니다.